湖南省哲学社会科学基金项目《"中国制造2025"背景下湖南高职教育供给侧结构性改革路径优化与供需联动机制研究》(项目编号:18YBG031)阶段性研究成果

高职教育供给侧改革研究

刘康民 著

北京理工大学出版社
BEIJING INSTITUTE OF TECHNOLOGY PRESS

版权专有　侵权必究

图书在版编目(CIP)数据

高职教育供给侧改革研究/刘康民著. —北京：北京理工大学出版社，2020.9

ISBN 978-7-5682-8968-9

Ⅰ. ①高… Ⅱ. ①刘… Ⅲ. ①高等职业教育-教育改革-研究-中国 Ⅳ. ①G719.21

中国版本图书馆 CIP 数据核字(2020)第 163550 号

出版发行 / 北京理工大学出版社有限责任公司

社　　址 / 北京市海淀区中关村南大街 5 号

邮　　编 / 100081

电　　话 / (010)68914775(总编室)

　　　　　(010)82562903(教材售后服务热线)

　　　　　(010)68948351(其他图书服务热线)

网　　址 / http://www.bitpress.com.cn

经　　销 / 全国各地新华书店

印　　刷 / 涿州市新华印刷有限公司

开　　本 / 710 毫米×1000 毫米　1/16

印　　张 / 10.25　　　　　　　　　　　　　　责任编辑 / 江　立

字　　数 / 201 千字　　　　　　　　　　　　　文案编辑 / 江　立

版　　次 / 2020 年 9 月第 1 版　2020 年 9 月第 1 次印刷　　责任校对 / 周瑞红

定　　价 / 69.00 元　　　　　　　　　　　　　责任印制 / 施胜娟

图书出现印装质量问题，请拨打售后服务热线，本社负责调换

前　言

　　加强供给侧结构性改革,改善产品供给质量和结构,提供新产品,创造新需求,着力提高供给体系质量和效率,是推动我国经济社会持续健康发展的重要举措。供给侧结构性改革涉及面广,内涵丰富,意义重大,涉及劳动力、教育、技术、产品、制度和管理等方面的改革。高职教育供给侧改革是教育供给侧改革的重要组成部分;高职教育承担着向经济社会发展一线培养和提供合格劳动者的重任,因而它又是高层次的供给侧改革。如果职业院校为社会提供的劳动力素质不高,将严重制约国家供给侧结构性改革的发展。当前推进高职教育供给侧改革必须把提高教育供给质量作为根本任务,切实围绕培养全面发展的大国工匠这一目标,用改革的办法推进教育结构调整,改变劳动力配置扭曲状况,扩大有效供给,增强劳动力结构对产业需求变化的适应性和灵活性,满足广大毕业生就业创业需要,为国家经济发展提供匹配、优质的人力资源。

　　近二十年来,我国高职教育的发展取得了举世瞩目的成绩。但从高职教育"供给侧"现状来看,仍不同程度存在人才供给适应性与针对性不强,供给价值偏差、供给质量不高、供给结构失衡,条块分割、体制不畅、层次僵化、结构不优,观念落后、动力不足、创新不够,专业供给侧与产业转型升级需求侧脱节、专业动态机制建设的有效供给失位,教学方法方式职教特点不明显、供给方式灵活度不足、教学供给内容精准度不够、供需主体协同性不强,创业教育供给环境尚需优化、创新创业教育供给质量亟待提升,校企合作供给制度需求供给不足、校企文化对接错位等问题。因此深度推进高职教育供给侧结构性改革是高职教育持续、健康发展所面临的一个重大理论和实践课题。

　　经济领域供给侧改革的强力推进对人才规格升级的新要求与高职教育供需结构矛盾的日益突出,促使承担人才供给任务的高职教育加快供给侧结构性改革。本书聚焦当前高职教育供给的基本现状并深入高职院校、行业企业实地调研,再综合运用文献资料、国家教育行政部门等的权威数据找寻高职教育供给侧存在的主要问题及其原因。鉴于高职教育供给侧改革与以往职业教育改革的不同之处,在于其改革的内生动力主要来源于需求侧,本书更加注重调查研究全面深化供给侧改革背景下学生、家长、产业的转型升级、企业发展等形成的多元需求侧;在此基础上对高职教育供给侧改革做出合理决策与整体设计,实现从"需求侧拉动"到"供给侧推动"的转变,提高高职教育供给侧改革的精准性与实效性。为经济社会与个人发展有效供给高品质的职业教育。

本书基于供给侧结构性改革的视角,探索市场要素驱动高职教育供给侧改革的推进策略,从源头上提高教育资源优化配置效率,促进人才的需求端与供给侧协调共振,良性互动;突出人才供给重点,增强人才供给方向对需求变化的针对性和引领性;切实提升高职教育对经济社会变革的前瞻性、适应性与有效性。本书重点分析了供给侧改革视域下高职人才培养模式改革、高职教育专业供给侧改革、高职教学供给侧改革、高职创业教育供给侧改革、高职教育校企合作供给侧改革、高职教育培训供给侧改革的基本现状与存在的主要问题,并积极探寻其具体的改革实施路径,以有效提升高职教育供给端的质量、效率和创新性,促进我国产业转型升级并迈向全球价值链中高端,为经济社会高质量发展提供多样化、多层次、高素质的技术技能型人才支撑。

本书以大量的文献分析和深入的实践调研为研究前提,在撰写过程中参阅、借鉴了一些学者的研究成果,在此深表感谢;同时也得到有关领导、专家和同事的指导帮助,在此一并致谢。

本书在撰写过程中力求以供给侧的理论、思维和方法清晰描绘未来高职教育的创新发展蓝图并探明其实现策略;但由于作者水平有限,加之时间不充裕,不足之处在所难免,企盼同行给予指正。

作　者

目 录

第一章　绪论 …………………………………………………………（1）

第二章　高职教育供给与需求 ………………………………………（13）
　　第一节　教育供求及其影响因素分析 …………………………（13）
　　第二节　高职教育供求矛盾及其调节 …………………………（18）

第三章　供给侧改革与高职教育人才培养模式改革 ………………（23）
　　第一节　供给侧改革视阈下高职教育人才培养模式改革分析 ……（23）
　　第二节　供给侧改革视阈下高职教育人才培养模式问题分析 ……（26）
　　第三节　国外职业教育人才培养模式经验分析及启示 ………（28）
　　第四节　基于供给侧改革的高职教育人才培养模式改革对策 ……（33）

第四章　高职教育专业供给侧改革 …………………………………（39）
　　第一节　高职教育专业及专业供给现状分析 …………………（39）
　　第二节　供给侧改革与高职教育专业优化调整 ………………（45）
　　第三节　发达国家高职教育专业结构调整经验与借鉴 ………（49）
　　第四节　高职教育专业供给侧改革路径 ………………………（55）

第五章　基于有效性的高职教学供给侧改革 ………………………（63）
　　第一节　高职有效教学的特征及影响因素 ……………………（63）
　　第二节　高职教学有效供给的缘由 ……………………………（67）
　　第三节　供给侧改革背景下高职教学改革面临的现实困境 ……（70）
　　第四节　高职教学供给侧改革有效推进的立体分析 …………（75）

第六章　高职创业教育供给侧改革 …………………………………（85）
　　第一节　高职创业教育的内涵及特点 …………………………（85）
　　第二节　高职创业教育供给侧改革的必要性 …………………（88）
　　第三节　高职创业教育供给侧存在的问题 ……………………（91）
　　第四节　高职创业教育供给侧改革建议 ………………………（100）

第七章　高职教育校企合作供给侧改革 ……………………（109）
第一节　供给侧改革背景下的高职校企合作现状 …………（109）
第二节　我国职业教育校企合作发展的考察 ………………（116）
第三节　国外职业教育校企合作的经验分析 ………………（118）
第四节　有效推进高职教育校企合作供给侧改革 …………（121）

第八章　高职教育培训有效供给研究 ………………………（131）
第一节　追寻高职教育培训的有效性 ………………………（131）
第二节　高职教育培训有效供给的价值向度 ………………（136）
第三节　高职教育培训系统有效性分析 ……………………（144）
第四节　高职教育培训有效供给的计划与实施 ……………（147）
第五节　高职教育培训评估 …………………………………（150）

参考文献 ……………………………………………………………（153）

第一章　绪论

2015年11月10日，中央财经领导小组第十一次会议提出了"供给侧结构性改革"一词。2016年1月27日召开的中央财经领导小组第十二次会议，对供给侧结构性改革的方案进行了探讨和研究。十九大报告中提出"深化供给侧结构性改革"，并将"供给侧结构性改革"写入党章，供给侧结构性改革被称为实现我国经济社会转型发展的重要举措。供给侧结构性改革的根本目的是提高社会供给水平，贯彻落实好以人民为中心的发展思想。

高职教育是与经济发展紧密结合的教育类型，既承担着为国家经济社会发展提供技术技能人才的重要任务，又要面向要素市场和需求市场来平衡供求关系。当前，我国的经济社会正处于结构转型阶段，经济发展从传统资源要素导向型模式向创新驱动型模式转变。《中华人民共和国国民经济和社会发展第十三个五年规划纲要》提出"以提高发展质量和效益为中心，以供给侧结构性改革为主线，扩大有效供给，满足有效需求，加快形成引领经济发展新常态的体制机制和发展方式，保持战略定力，坚持稳中求进，统筹推进经济建设、政治建设、文化建设、社会建设、生态文明建设和党的建设"的指导思想；党的十九大提出，深化供给侧结构性改革，优化存量资源配置，扩大优质增量供给，实现供需动态平衡。"十三五"时期是我国全面建成小康社会的决胜阶段，必须把改善供给侧结构作为主攻方向，从生产端入手，提高供给体系质量和效率，扩大有效供给和中高端供给，增强供给侧结构对需求变化的适应性，推动我国经济朝着更高质量、更有效率、更加公平、更可持续的方向发展。《国家教育事业发展"十三五"规划》明确提出，必须把教育的结构性改革作为主线，主动适应经济社会发展和人民群众的需求，要优化人才供给结构，创新教育供给方式，整体提升教育服务经济社会发展的能力。高职教育领域同样面临着过剩、劣质和结构性问题，经济领域的供给侧改革启迪与推动了新时代高职教育供给侧改革，为高职教育未来的改革发展提供了方向与思路。

一、相关研究综述

（一）供给侧改革研究

供给侧改革已成为当今学术界一个"炙手可热"的课题，许多学者从来源、内涵、意义、路径等方面对供给侧改革进行了研究。

关于供给侧改革的来源，学者的看法还没有完全统一，目前主要的观点分为两种。第一种认为供给侧改革是西方供给学派的发展，持此种观点的学者中贾康的观点最具代表性。早在2013年，供给侧改革被提出之前，贾康就在深入分析西方传统的供给学派、凯恩斯主义和凯恩斯主义经济政策的基础上，提出了新供给经济学的概念[1]。2015年，供给侧改革提出后，学者对供给侧改革的关注持续升温。2016年，贾康等又将供给侧改革归入供给学派的大范畴。徐斌、范鹏等人比较认同和支持贾康的观点。第二种认为供给侧改革是一个新的理论，是马克思主义经济学理论与中国当前经济实践的具体结合，是解决当下经济发展障碍的一个明智的办法。例如，黄湘燕对中国当前经济发展存在的问题进行了深刻分析，将我国提出的供给侧改革理论与西方供给学派的相关理论进行对比，发现二者的区别很大，在改革办法、路径和措施方面有各自的特殊性[2]。

关于供给侧改革的实质，部分学者认为供给侧改革是不同程度改变政府与市场关系的一种方式。也有一些学者认为供给侧改革主要是提升供给质量和效率，实现有内涵的发展[3]。还有部分学者认为供给侧改革不同于供给侧结构性改革，供给侧结构性改革的着重点应在优化结构，平衡供需上。例如，王一鸣认为供给侧改革是用改革的方式扭转要素配置，矫正供需错配，使供给适应市场需求的变化，实现供需相对平衡[4]。

关于供给侧改革的意义，相当部分的学者认为我国当前经济需求相对不足、供给约束、供需失衡，供给侧改革是新时期指引经济新发展的重要战略[5]。有人不仅将供给侧改革理论应用于经济建设实践，更应用到其他社会实践上，用供给侧理论指导实践。他们认为现在研究实践供给侧改革对马克思主义相关理论的发展有显著的意义，供给侧改革在某种意义上是对马克思主义生产理论的一个创新[6]。

（二）教育供给侧改革研究

随着经济领域供给侧改革研究的推进，教育领域尤其是高等教育供给侧改革的探究也逐渐展开，但经济领域一般是采用"供给侧结构性改革"一词，在教育领域往往是采用"供给侧改革"一词较多，这表明教育领域的探索应该更重视宏观"改革"，而不只是结构方面的调整。

关于教育供给侧方面的改革，庞丽娟、杨小敏等学者认为，应该针对教育资源和服务等进行探究，分清政府和市场在教育管理方面的职责，优化教育供给方式，明确社会对教育的需求，使教育更好地为经济社会发展服务，提升人力资源效益，服务民生发展[7]。刘云生等学者提出教育供给侧改革要着力扩大有效供给，想办法提升供给质量，优化教育要素配置[8]。余胜泉等学者认为教育供给侧改革要着力改革供给结构、方式、内容、策略，实现新型教育服务形态，使学习过程更为有效，使教育的共性需求与个性需求结构相对平衡。

对于高等教育供给侧改革，部分学者认为应提高人才培养质量，提升科学研究能力和社会服务能力，优化高等教育供给结构，突出高校的办学特色，从办学理念、办学定位、管理制度等方面进行改革，提供有效的高等教育[9]。朱玉成等学者提出要最大限度释放高等教育的潜能，推进高等教育创新发展，通过优化供给结构、完善供给制度以及加大财政支持等方面的改革促进高等教育的供给侧改革[10]。有的学者认为对于高等教育，应该在政府社会公共服务的调整和方向性等方面进行改革[11]。陈正权等学者提出要从体制和要素等方面对高等教育格局进行改革，通过供给资源配置的优化达到供需平衡波动的状态[12]。还有的学者研究认为高等教育的核心是满足大学生的知识、技能等方面需求，要求实现供给主体本身与社会需求协调呼应[13]。

（三）高职教育供给侧改革研究

对于高职教育供给侧改革的推进，一些学者认为应以创新为起点，重视高职教育内涵建设，不断完善供给结构，丰富教育供给层次，增强职业教育对经济社会建设的适应性，实现职业教育的高质量发展[14]。黄文伟等学者提出要在坚持高职教育供给与需求的同步性、政策支持与制度优化等方面推进高职教育改革[15]。有的学者提出我国高职教育供给侧存在培养定位不准、激励措施不力等问题，应创造条件创办职业本科，创新学历证书体系和学位等级制度，完善高职人才培养结构和机制[16]。有的学者从重点解决职业教育"供给侧"改革的突出问题入手展开研究[17]。有的学者从提高人才培育质量、推进教育方式创新、完善教育供给结构等方面入手进行高职教育供给侧改革研究[18]。刘洪一提出，高等职业教育供给侧改革应该从调整专业设置、优化专业结构、全力培育全面发展的复合型人才、完善专业设置机制等方面入手进行改革[19]。有的学者从层次结构、形式结构、专业建设体系等方面入手进行探究[20]。还有的学者从明确办学思想、加强教育结构与经济结构的调整、提升高职教育投入与产出的效益等角度提出高职教育供给侧改革的思路与方法[21]。

二、核心概念界定

（一）高等职业教育

关于高等职业教育的界定主要有三种看法。一种看法认为高等职业教育不等同于高等教育，高职教育属于职业教育的高层次部分。另一种看法则认为高等职业教育是具有显著职业性与实用性特征的高等教育。还有一种是《中国教育百科全书》中指出的，高等职业教育是通过知识教育与技能培训，把中等职业技术学校的毕业生、普通高中毕业生以及具有相应文化水平和实践经验的中级技术工人，进行一定时间的教育后，使其成为经济社会建设第一线需要的高级应用型人才和高级技术工人的教育过程。

在不同的经济社会发展时期以及不同的地区，高等职业教育的内容有时会有所不同。高等职业教育主要是培养技术型专业人才的教育，包括学历教育和非学历教育两部分。由于我国的高等职业教育中有大专层次，学历教育在一般意义上与大专教育是等同的，都在国际分类中属于第五层次教育，高等职业教育是我国当前高等教育的一个组成部分。非学历教育则是形式多种多样的教育，主要任务是进行再就业的技术技能培训，受教育者培训合格后颁发相应的职业资格证书。综上所述，高等职业教育一般来说具有实践性、应用性、多样性、时代性、学历教育与非学历教育相结合等特征。

（二）供给侧改革

供给侧与需求侧相对，一般属于经济学上的概念。传统的需求侧主要包括投资、消费、出口等部分，而供给侧则涵盖资本、制度、劳动力、自然资源、技术创新等多个方面。供应与需求可以说是因果关系，需求的增加往往会刺激消费，以增加供应为前提。《辞海》中认为"侧"就是向一边倾斜，即倾向于某一方。供给侧结构性改革主要是偏向于供给方面的改革，为了使供给结构更加合理与优化，采用创新的方式使其更加完善，提高供给产品的质量和效率，更好地满足社会大众需求。侧重于供给方并不是否定需求方的作用，对供给方进行改革是为了促进供给与需求的平衡，使供给结构更加合理。

供给侧改革，是指从提升供给质量出发，用合理的改革推进相关要素的创新，结构的调整与优化，去除供给约束，释放潜力，增强活力；以提高供给质量和效率为出发点和落脚点，对不合理的生产要素进行调整改革，优化供给结构，最大限度地激活生产要素的活力。经济领域供给侧结构性改革是为了适应和引领经济发展新常态，是我国经济发展新要求下进一步深化经济体制改革而实施的一项重要举措。简单来讲，供给侧结构性改革就是从提高供给产品质量出发，用改革的方式来调整和优化产业结构，以达到扩大市场有效供给为目的，以期进一步提高社会生产力发展水平，更好地满足人民对美好生活的向往和社会快速发展的要求。

（三）教育供给侧改革

教育供给侧改革则是从全面提升学生综合素养出发，为社会培养高素质人才。教育供给端的质量、效率和创新性是教育供给侧改革的首要任务，即提高人才的质量和创新能力是教育供给侧改革的着力点，调整和优化教育供给结构也是其改革重点。教育供给侧结构性改革的核心就是提高教育资源供给数量和质量，合理配置教育资源，促进教育结构的调整和优化，为受教育者提供更多更好的教育机会。在教育供给侧中，教育的产品是学生，如果教学质量出现了问题，则其会对作为教育产品的学生造成无法估量的损失，会严重影响经济社会和国家的长远健康发展。

三、高职教育供给侧改革的逻辑必然

从高职教育供给侧结构角度看，我国高职教育与需求侧存在明显脱节、错位，存在供给结构不优、供给质量不高、供给效率低下等问题。随着经济发展"新常态"向纵深推进，高职教育"供给侧"与"需求侧"两端均已发生深刻变化，高素质劳动者和技术技能型人才紧缺的现实与社会对高职教育与日俱增的诉求与焦虑之间的矛盾形成了需求侧的巨大张力，这倒使高职教育必须要通过供给侧改革实现自身转型升级提质以适应"新常态"的战略诉求，这是经济转型发展、产业结构调整升级的逻辑必然。

（一）高职教育需求结构已发生明显变化

一是需求结构加快转型升级。"新常态"正推动着我国三次产业深刻调整，传统落后产业、产能过剩产业必将加速退出市场，现代服务业、新兴产业的比重将会不断提升。随着人口政策调整和人口老龄化加快，健康、旅游、教育、养老和医疗等生活性服务产业需求快速增长。受土地要素改革、城镇化建设影响，现代农业、建筑设计、家居装潢等产业必将得到加速发展。创新要素、技术要素、金融领域的改革正促进一大批中小微企业、科技型企业、创新创意产业孕育兴起。二是需求对象在悄然发生变化。人口政策调整、农村城镇化改革、产业调整、技术升级必然伴随着各类人员岗位变动、转岗培训以及就业创业培训需求等，高职教育的服务对象不仅是在校生，还包括农村富余劳动力，下岗、转岗职工等社会人员。三是"新常态"战略对高职教育提出了新任务、新要求。"一带一路""中国制造2025""互联网+""双创"等战略迫切需要与之相适应的高素质、技能型和创新型专业人才。同时，产业价值链提升背景下的研发、设计、标准、营销网络、物流配送等生产性服务业对高职教育提出了新的更高要求。产业结构调整升级正引发人才需求结构的深刻变化，高职教育提供的教学产品与服务，必须随着产业调整升级、服务对象的不断变化而重新进行结构性规划与调整。

（二）高职教育供给侧明显不适应需求结构的变化

一是高职教育供给相对过剩。高职教育人才培养的周期性、内涵质量发展的滞后性难以适应因快速变化的市场需求而引发的企业战略转变、地区转移、服务

转化，也难以满足市场对高素质劳动者和技术技能型人才的需求，从而造成高职教育供给相对过剩。二是低端供给过剩、高端供给不足。高职教育人才供给不能适应经济发展需求，当前我国大学生"就业难"与企业"用工荒"的结构性矛盾凸显就是例证。与此同时，中高级经营管理、高端技术技能型及通晓国际规则外向型人才出现短缺现象。三是传统体制机制束缚。高职教育供给侧在体制变革、制度创新等方面表现出明显的迟滞。高职院校在办学自主权、经费投入、校企合作、双师队伍建设等关键要素上缺乏强有力的法律、制度供给，僵化的体制制约着高职院校人才培养质量从低效供给向高效供给、由低质供给向高水平供给转型，高职教育发展活力和供给潜力难以释放。

（三）高职教育供给侧改革是供需结构再平衡的内在要求

供需结构错配是我国当前高职教育发展中的突出矛盾，而主要矛盾是高职教育人才供给相对过剩，矛盾的主要方面在供给侧。主要体现在高职教育专业性、地域性供需结构失调，高职院校间发展不均衡；专业设置、人才培养与经济社会发展需求不匹配；高职院校同类化、人才培养同质化现象严重，造成有限的职教资源浪费、利用效率低下。一方面，沿海发达地区出现"民工荒"，中西部地区劳动力供大于求；另一方面，全国范围的"技工荒"，技术工人、专业技术人员，尤其是高级技术人员供给不能适应经济发展需求而形成巨大人才缺口。相对过剩的本质是结构性过剩，解决高职教育供需错配、相对过剩等难题，需要大力推进高职教育供给侧改革，调整专业设置、优化专业结构，建立有利于供给侧结构调整的体制机制，以匹配经济转型发展和产业结构调整升级的需求，实现更高水平的供需平衡，增强高职教育可持续健康发展的内生动力和发展活力。

四、高职教育供给侧改革的内涵、内部机理及原则

（一）高职教育供给侧改革的内涵

供给侧改革的诸多核心要素与职业教育密切相关，其改革理念对当前高职教育深化改革具有重要的引领作用和指导意义。高职教育供给侧改革的核心内涵就是要遵循职业教育本质属性和技术技能型人才培养规律，从供给侧入手，针对结构性、体制性、制度性矛盾的病根，以提高供给质量、效率及创新性为出发点和落脚点，用改革的办法推进职教资源要素的合理配置和高效利用，去除供给约束，释放潜力，增强活力，为满足经济社会发展需要、个体个性发展需要提供高质量、高效率的精准供给。

提升供给质量是高职教育供给侧改革的核心。人才培养质量是高职院校的生命线。《国家中长期教育改革和发展规划纲要（2010—2020年）》《现代职业教育

体系建设规划（2014—2020年）》等一系列纲领性文件明确提出："坚持以提高质量为核心，推进职业教育内涵式发展""把提高质量作为教育改革发展的核心任务"。2016年全国教育工作会议把会议主题确定为"全面提高教育质量，加快推进教育现代化"。可见，党和政府把提高教育质量提升到前所未有的战略高度，这既是基于我国教育现状的准确判断，也为各类教育教学改革指明了方向。因此，深化内涵、提升质量、特色发展是高职教育供给侧改革的题中之义和核心任务。

提高供给效率是高职教育供给侧改革的关键。教育效率就是教育的生产效率，即教育资源消耗与教育产出之比。教育效率包括教育投资效率、教育资源利用效率、教育投资内部效益等。从宏观层面看，目前我国高职教育已完成规模布局，全国高职高专院校数量和在校生人数均已占据我国高等教育的"半壁江山"。传统以规模、数量和投入为主的"外延式"发展道路显然已不适应经济转型发展需要，必须走提高教育投入要素质量和效率的"内涵式"发展道路。当前从高职教育供给侧来研究教育效率，提高有限职教资源综合使用效率尤为必要。要查找制约教育效率提高的薄弱环节，采取针对性措施科学合理有效配置资源。要整合统筹教育、经济、劳动三个领域的职教资源，建立跨部门、跨行业的大职教新格局，改变当前职教资源条块分割、多头管理、供给效率低下的现状，优化权力资源配置。高职院校必须矫正以前过多依靠行政配置资源，寄希望于用政府、企业、行业"快钱"充实硬件设施的"需求侧"惯性思维，更加注重优化内部结构，科学规划，合理使用各项资源，提高投入产出效率。

创新发展是高职教育供给侧改革的灵魂。中国经济增长动力正由要素驱动、投资驱动向创新驱动转换，创新发展是供给侧改革中最为重要的改革要素之一，也是打破现有诸多发展瓶颈的最有效途径。随着科学技术的迅猛发展，知识经济和互联网时代的来临，社会对高素质、具有创新创造能力并全面发展的人才的需要尤为迫切。任何改革都是求变求新的过程。高职教育供给侧改革需要创新来促发"新动力"。高职教育供给侧改革不仅需要"自上而下"的深刻变革，更需要职业院校"自下而上"的创新实践。面对产业调整升级新挑战，高职院校必须自觉强化创新意识，主动谋划实施创新驱动发展战略。

（二）高职教育供给侧改革的内部机理

高职教育的本质决定了人才培养是以企业的用人需求规格为逻辑起点的，从企业用人需求规格中，高职院校可以解构出人才培养的理论知识目标、实践技能目标和职业素质目标，从而形成高职教育的专业人才培养规格，并进一步构建出专业的课程体系。而师资队伍的结构、学历层次要求、知识技能要求和素质要求以及培养机制则在相当程度上取决于人才培养规格和课程体系结构。实训室建设主要包括硬件建设、软件建设和运行机制建设三个方面。硬件和软件建设主要是为了满足培养学生的需要，因此其主要影响因素是课程体系结构和人才培养目标。运行机制建设一方面受师资队伍尤其是实训教学师资的制约，另一方面又反过来影响师资队伍建设任务的实施。

作为改革的驱动者，高职院校还必须结合人才培养规格、课程体系结构、师资队伍、实践教学条件等方面的变化，创新人才培养模式，以适应供给侧改革的需要。应当指出的是，为了更加透彻地理解企业用人需求规格的背景，高职院校还应对企业的技术需求、管理需求和业务需求状况有深入的了解。同时，校企融合的深度直接影响高职教育供给侧改革的实效性。高职院校必须将企业的用人需求、技术需求和业务需求深度融合到人才培养的各个环节。企业参与人才培养规格和课程体系设置，可以更加及时准确地更新专业人才培养的理论知识、实践技能和职业素养三个方面的培养目标，并动态更新课程教学内容和教学目标。而行业企业参与师资队伍建设一方面可以提供更多合格的兼职教师，另一方面能够为职业院校提供专任教师企业顶岗的条件。利用行业企业员工招聘和继续教育及技术培训的需求，引导企业参与实训室建设，能够提高学校的实践条件建设水平和社会服务能力，同时能降低企业的员工招聘和培训成本，达到共建、共享、共赢的效果。

（三）高职教育供给侧改革的原则

高职教育供给侧改革的结构性调整，既要从人才供给的专业类型、市场对人才的需求、行业结构分布的特点入手，又要从人才培养的品质和质量入手，应针对未来新兴行业的需求，及时调整高职院校人才培养的专业设置、人才培养的数量和质量等，为区域经济发展确定高职教育供给侧改革目标。高职教育供给侧改革的推进一般应该遵循以下几个原则。

1. 前瞻性原则

市场对部分领域的人才需求与高职院校对社会相应人才的供给存在着一定的滞后期，要处理好供给与需求的零时间差的对接，要求高职院校对人才培养具有前瞻性。高职院校要及时把握本地区未来产业结构调整的方向、内容、时间节点等关键要素，结合本地区发改委的长远规划和远景目标，超前配备师资力量和其他教学资源，寻求相应的合作行业企业，建立和完善人才培养目标，科学制定人才供给预设方案。

2. 针对性原则

市场对人才的需求是与本地区未来产业发展紧密相连的，高职院校对市场的人才供给必须要有针对性。

3. 实践性原则

高职院校的培养目标定位在掌握理论知识、技术技能和实践技能的高素质应用型人才。高职教育供给侧改革必须坚持实践这一重要原则。

4. 渐进性原则

高职教育供给侧改革需要一个逐步适应、调整、再适应、转变的渐进性过程。高职教育在供给侧改革过程中,需要对区域经济未来发展进行调查研究和论证。高职院校的改革步伐要与区域经济协调发展相一致,改革过程是一个以时间换空间的渐进式过程。

5. 整体性原则

高职教育供给侧改革是对人才培养目标的整体提档。在优化人才培养结构的基础上进行整体布局,从高质量人才培养和强化高职院校的管理上着手,高职教育供给侧改革的目标是强调职业教育与未来社会的"适应性"和无缝对接,这是办好未来高职教育的出发点和归宿。作为教育行政部门和职业教育工作者,需要有战略的高度和坚强的改革意志,从师生思想与行动上渗透和引导人才供给侧改革的重要性和必要性,构建社会、高职院校、行业企业、政府、教师与学生整体联动的管理体系。全校的工作要围绕经济社会的人才需求与适度供给展开。

6. 认知性原则

高职教育供给侧改革在于对人才培养质量的提升和对未来社会需求的适应性提高。实现供给侧改革,关键在于"培养什么样的人",对人才培养的目标需要提档,要求就业人员对社会的现状和未来有客观的认识和预判,并能对社会经济、政治、文化等领域的信息有灵活应对和分析、判断、处理的能力,通过自身思维与行动去创造和改造社会人文环境,更好地适应未来社会的发展,提高生活质量。高职教育供给侧改革对教师和学生的思维、态度、意志和情感、认识等都会有更高的要求。

五、高职教育供给侧改革的价值

(一) 促进高职教育价值理性回归

高等职业教育与社会经济发展相伴相生、相互促进。高职教育改革既要遵循教育的本质规律,也要兼顾教育与社会生产活动的联系。但是,如果只是单纯地将高职教育对接产业行业发展,单纯追求"高技能""高技术"等功能,忽视对人本性的教育,那么高职教育主体对象的发展性愿景将无法实现。高职教育供给侧改革的重点在于职业教育质量的提升,将"职业人"的培养作为教育质量提升的根本。德国哲学家伊曼努尔·康德说过:"通过教育,人必须变得服从纪律、具备文化、具有素养、具备辨别力。"高职教育作为教育结构中的重要类型,也应当遵循教育的基本规律，高职教育对人的塑造包括职业技能、职业素养、职业道德、创新能力、思辨能力以及终身学习能力等内容。高职教育天然地将教育与社会生产活动联系起来，高职教育改革既要遵循教育的本质规律，也要兼顾教育与社会生产活动的联系。高职教育供给侧改革的重点在于职业教育质量的提升，将"职业人"的培养作为教育质量提升的根本，将非工具性与工具理性并重，培养出具有职业能力、职业素养、职业认同感、职业创新精神、创造力、思辨力及终身学习力等多种能力素质的应用型人才，使高职教育的供给符合产业行业和社会经济发展的需求。

（二）提升高职教育的有效性和创新性

高职教育的有效性可以理解为有效果、有效率、有效益，其核心在于效率，即教学投入与教学效果的比率。有效率就是投入尽可能少的时间、精力和物力取得尽可能多的教学效果，从而实现特定的教学目标，满足社会和个人的教育价值需求。高职教育供给侧改革为教育对象提供个性化教育服务，满足国家经济社会发展的多元化需求，最大限度地实现高职教育的效用与效益。生产创造上的创新可认为是"把我们所能支配的原材料和力量结合起来，生产其他的东西，或者用不同的方法生产相同的东西"，也就是"企业家把一种没有使用过的生产要素和生产条件进行新的组合，从而建立一种新的生产函数"。高职教育改革中的创新，是在把握职业教育基本教育规律的前提下，从"需求侧"和"供给侧"两方面协调共振，充分发挥职业教育各相关要素的关联作用，充分利用政府政策资源，深度挖掘行业企业资源，整合优秀职业院校的特色优势资源，形成政府、行业、企业、学校共同参与、协同治理的高职教育办学体系，从而促进高职教育要素资源的合理化与科学化配置，扩大高职教育的有效供给；激活社会总需求，满足"新常态"下经济结构调整对职业教育规模、结构和质量等方面所提出的要求；推动中国制造业转型升级，打造更多的"中国智造"产业，实现社会的创新发展；培养大量的科研创新人才，培养经济社会发展所需的一线技术人才，使高职教育实现从价值追求到教学实践创新的目标。

（三）优化高职教育人才供给结构，增强人才供给的适需性

从我国劳动力市场的整体供给情况来看，"技工荒""民工荒"等问题一直未能得到有效解决。尤其是制造业比较发达的东部沿海地区，对于技术工人、高技能型人才以及专业技术人才的需求较为强烈，人才供给还存在很大的缺口。然而，从劳动力人才供给端来看，大学生就业难、下岗职工再就业难等问题愈演愈烈，导致人才资源的巨大浪费。出现这种状况的主要原因是我国高职教育在面临产业升级和结构性调整的新形势下，出现了专业设置重复低效、与市场需求脱节

的"结构性浪费"和专业设置滞后的"结构性缺失"两种倾向,高职教育无法适应产业对人力资源的需求,无法应对区域产业结构的调整,出现人才无效供给、错位供给等情况。在"工业4.0"时代和"中国制造2025"的大背景下,高职教育迎来了腾飞的机遇,高职教育只有深入推进供给侧改革,摒弃以前的旧思路、旧模式,突破"规模扩张"的怪圈,转向"质量提升",推进内涵式发展,提升学生的学习能力、知识运用能力,培养学生的职业精神、职业道德、人文素质,才能提升职业教育供给质量,扭转劳动力人才资源配置扭曲状况;才能进一步加强职业技术人才供给结构对产业转型升级变化的适应性和灵活性,使高职教育在我国深入推进实施供给侧改革实践中实现健康发展、创新发展。

第二章 高职教育供给与需求

第一节 教育供求及其影响因素分析

一、教育需求分析

《教育词典》上是这样定义"需要"一词的,它是指在一定生活条件下,个体和社会的客观要求在人脑中的反映。它通常以愿望、动机、兴趣和信念等形式表现出来。需要的基本特征是具有动力性,是活动的基本动力。人的需要随着社会的发展、个体的成长而不断地变化、发展,原有的需要得到满足后,又会产生新的需要,而新的需要又驱使人去行动,因而需要对人的活动永远表现出积极的性质。人的需要是多种多样的、多层次的,需要反映的是人们的一种欲望[22]。需要与需求不同,需求是考虑约束条件的、有支付能力的需要。教育需求是指社会和个人对教育有支付能力的需要。如果按照需求主体划分,教育需求分为教育个人需求和社会需求两大类。

（一）教育个人需求的含义及影响因素

1. 教育个人需求的含义

教育个人需求的定义是:个人出于对未来知识、技能、收入、社会地位的预期在各种需求中进行选择,对教育有支付能力的需要,即个人对教育机会的需求[23]。在现代化社会,人的需求涉及许多方面,由于教育在某种程度上决定着个人所从事的职业、收入、前途状况和个性的发展,教育的重要性加强,教育的需求在人的各种需求中往往占据重要地位。

2. 教育个人需求的特点

（1）层次性。目前在世界上大多数国家中义务教育已成为人的基本素质要求,每个公民都有权利接受一定年限的义务教育。完成义务教育后还要继续学习,接受高层次的教育。教育个人需求呈现明显的按层次递进的特点,一种层次的教育需求满足后,会追求更高层次的教育需求。

（2）多样性。个人对教育需求的类型呈多样化趋势。随着社会的进步,除普通教育需求外,还有职业教育需求、职前专业教育需求、职后进修教育需求。终身教育越来越成为现代人生活中的重要组成部分。

3. 教育个人需求的动因

由于教育个人需求的多样性，教育的个人预期收益就会形成教育个人需求的诸多动因。首先是精神生活需求。随着社会的进步，人们的收入水平和闲暇时间增加了，通过接受教育提高个人素质和文化、审美水平，成为人们提高生活质量的一条重要途径。其次是物质生活需求。这是大多数人的教育需求的基本动因，人们之所以要受教育是为了通过教育学到知识，增强工作能力，获得较高收入和福利，增加更多的职业选择和岗位流动的机会，为了拥有更有利的竞争条件而接受高一层次的教育。最后是社会地位需求。当今社会中，受教育水平和素质成为个人素质的重要标志，从一般意义上讲，高水平的教育是获得较高社会地位的必要条件，这是受教育的重要动因之一。

4. 影响教育个人需求的因素分析

人除了对教育有强烈的需求外，还有其他一些需求，故人们通常要在教育需求与其他需求之间做出选择，从而影响到对教育的需求。个人天赋能力、家庭收入、学杂费高低、个人教育的收益率等因素都是影响个人教育需求的重要因素。

个人天赋能力是影响个人教育需求的最重要因素。一般天赋能力高的人，有能力接受高层次的教育，绝大多数的人会连续不断地攀登，此时影响教育需求的主要因素是经济原因和求学的机会成本。而对于天赋能力较低的人来说，完成初、中等教育已经是尽其所能了。

家庭收入是影响个人教育需求的决定性因素。由于家庭要支付教育的直接和间接费用，家庭能够为子女付出多少教育费用取决于家庭的经济状况，因此家庭收入成为影响教育个人需求的决定性因素。许多发展中国家大量的适龄儿童没有上学，大量学生辍学，其重要原因之一就是学生家庭无力承担其上学期间的直接成本和间接成本，家庭需要他们从事生产和其他经济活动以补充家庭所需费用。义务教育后的教育需求受家庭背景的影响更为明显。另外，父母的职业和受教育程度对子女的教育也有明显的影响，一般父母受教育程度越高，越希望并支持子女接受更高层次的教育。

学杂费的高低也是影响个人教育需求的因素之一。在义务教育后，学杂费的高低对教育需求具有相当大的影响。由于学杂费是学生支付的直接成本，提高学杂费，将增加学生的教育费用负担。因此，学杂费越高，学生接受高一层次教育的需求所受到的抑制程度越大。

个人教育的收益率同样是影响个人教育需求的众多因素之一。人们放弃其他投资机会而在教育方面投资，归根结底是为了获得更高的经济收益或其他收益。如果教育投资的收益率较高，人们对教育的需求就会增大；如果收益率较低，人们对教育的兴趣就会下降；如果收益率为零，甚至为负值，许多人就会放弃求学机会而选择在其他方面进行投资。

上述诸多影响教育个人需求因素并不是均衡起作用的。针对不同的地区,对不同的人,起作用的因素和各个因素所起作用的强度可能大不相同。在富裕地区、富裕家庭,学杂费不是影响教育需求的因素,而学杂费对低收入家庭影响则相当大。总之在各种因素的制约下,教育个人需求呈现多层次、多样化的格局,随着社会的进步,教育个人需求多样化的特征会越来越明显。

(二) 教育社会需求的分析

1. 教育社会需求的含义

教育社会需求是指在一定社会历史发展阶段上,基于国家未来经济与社会发展对劳动力和专门人才的需求而产生的对教育有支付能力的需求。社会需求要求教育为各行各业提供其需求的劳动力和专业人才,具体讲就是学校为企业、国家培养所需的人才。在一定时期内,教育社会需求是有限的而不是无限的。

2. 教育社会需求的特点

(1) 可规划性。由于教育需求的有限性,社会对教育的需求有其内在决定因素,政府作为社会发展的计划者,可以对教育需求做出计划,在一定范围内,可以对教育的社会需求采取行政手段,制定政策去引导市场需求。

(2) 层次性。由于教育受制于国力的强弱和人口规模,根据供求规律,政府可以对社会的教育需求进行调整,使其呈现出明显的层次性和渐进性。

3. 社会对教育需求的影响因素分析

纵观世界许多国家,教育开支是政府财政总支出的第二大支出项目。这是因为受过教育的人会对社会的稳定、繁荣、进步做出巨大的贡献,政府需要教育为社会提供所需的劳动力和专业人才,需要教育培养遵纪守法的公民来维护和发展社会文明和制度。所以社会越发达,对教育的需求也越大,教育社会需求与经济发展有密切关系。

一般来说,社会经济发展水平决定着教育的需求强度和发展水平,经济结构中的产业结构和技术结构决定着劳动力的类型结构和层次结构,进而影响着教育的类型结构和层次结构的变化与调整。经济和科技发展水平越高,专业分工越细,对教育层次和类别需求越高、越复杂,并且整个经济呈现迅速变化的态势,经济结构与就业结构不断调整,社会对教育具有持续性的需求以适应不断变化的经济社会生活。

社会人口状况也是影响教育社会需求的一个重要因素。世界上的大多数国家都实行一定年限的义务教育,义务教育的社会需求成了一个国家教育社会需求的主要构成部分。义务教育年限确定后,社会经济发展非义务教育的社会需求也成了社会需求的构成部分。一个国家地区人口构成的基数、增长速度和年龄构成决定了教育社会需求的基本规模和走势。一般来说，人口基数大、增长速度快，人口构成年轻化，在未来一定时期内，社会对教育的需求量相应较高，教育需求层次也会大幅提高。

国家政策在很大程度上影响着教育的社会需求。教育是国家的大事，是政府的重点工作。社会经济政策、教育政策都直接影响教育社会需求的规模和发展方向。

（三）教育个人需求与社会需求的关系

按照需求主体的不同，教育需求分为教育个人需求和社会需求。仔细分析个人需求，实际上是个人对教育机会的需求。学校有多少招生计划就有多少个教育机会。据此，教育机会需求可以界定为个人愿意而且能够购买各级各类教育机会（招生数）的数量。如果个人仅有接受教育的愿望而没有一定的支付能力（因家庭贫困而辍学），或只有支付能力而没有受教育的愿望（厌学），都不能形成有效的教育机会需求。个人教育需求的主体是个人本身。

教育的社会需求实际上是企业或国家对教育人才或教育产品的需要，是发生在教育终点或学校"出口"的教育产品的需求。学校"生产"的"产品"就是受教育者知识、技能的增加和能力、素质的提高，就是受教育资本的增强。所以社会对教育的需求可界定为社会各用人单位愿意而且能够购买各级各类教育产品（人力资本）的数量。教育产品的需求主体是社会用人单位，需求对象是各级各类教育毕业生的人力资本。教育个人需求和社会需求实际上是个人对教育机会和企业、国家对教育产品的需求，一个是"入口"，另一个是"出口"。教育需求从学校角度表现在招生和就业两方面，只有二者兼顾起来，教育需求的研究才全面、完整[24]。

教育个人需求与教育社会需求分别受许多因素的限制，这些因素对教育需求的影响也是不平衡的。它们的作用途径、程度和范围在不同的时期会有所不同。社会需求并非个人需求的简单叠加，往往个人需求与社会需求是不一致的，有时甚至产生矛盾。当教育个人需求与社会需求出现了不平衡时，需要国家制定相应的教育政策和教育规划来调整，以使个人需求与社会需求达到平衡。例如，对欠发达地区或农村，可制定降低税率的政策，以增加农民人均纯收入，激发农村的教育个人需求；与此同时，加大财政在教育上的投入政策，弥补教育社会需求的不足，以使其与教育个人需求相一致。

二、教育供给分析

（一）教育供给的含义及分类

北京师范大学靳希斌教授在《教育经济学》中对教育供给进行了定义，他认为教育供给是指在某一时期内，一个国家或一个地区各级各类学校教育结构所能提供给教育者的机会。教育机会主要由政策、企业或社会团体所办的学校提供。这个定义只反映了教育起点或"入口"的教育机会供给情况，忽视了对学校"出口"的研究。

教育需求分为个人需求和社会需求。个人需求的是"教育机会"；社会需求的是"教育产品"，即企业、国家对教育人才的需求。同样，教育供给也可分为教育机会和教育产品的供给，分别反映在学校教育过程的起点与终点上，即"入口"与"出口"上。关于教育产品供给，华中师范大学吴克明教授在《教育供求新探》中这样定义，教育产品供给可以界定为各级各类教育毕业生愿意并且能够提供出售教育产品（人力资本）的数量。教育产品供给的主体是各级各类教育毕业生，供给的对象是教育产品（人力资本），具体表现为毕业生被用人单位接受。

天津大学施凤江教授关于教育供给的定义是这样的，教育供给是在资源允许的条件下能够并且愿意投入的资源数量。这里的资源包括机会、物质产品、人力、财政、政策等。由于教育资源的稀缺性，在有限的教育投入条件下，要使教育资源配置最优化往往需要靠政策调节，政策作为一种资源投入教育之中，也是教育供给方面的一个极其重要的资源。所以用这个定义界定教育供给更完整、更适合。

（二）影响教育供给的因素

从教育供给定义知道政策可以作为一种资源投入教育中。在计划经济条件下，由于管理体制原因，教育的供给无论是"机会"，还是"产品"，都完全是政府计划的产物。学校的一切包括学校设置、办学层次、规模、招生计划、毕业生分配、教育投入等方面，都由政府决定，政府制定政策，学校自主办学的主动性没有很好地发挥。在市场经济条件下，教育如果完全依赖于市场是难以促进资源合理配置的，因为多元投资主体条件下教育的供给依存于收益，投资主体追求的是利益最大化。而教育是一种有目的、有组织、有计划地培养人的活动，教育的目的和结果是传授知识、发挥能力、提高受教育者的综合素质；教育是有意识的以影响人的身心发展为直接目标的社会活动[25]。合理、恰当的政策调节对各级各类教育的供给、教育资源的优化配置起到决定作用，教育需要政策的强有力支持。如若教育政策恰当、合理，则有利于教育发展；若政策实施不利，将会制约教育的发展。

由于教育具有明显的外部效应，具有公共事物的典型特征，所以国家财政必须对教育给予足够的支持。《中华人民共和国教育法》第四条规定：教育是社会主义现代化建设的基础，国家保障教育事业优先发展。这就鲜明地规定了国家对教育的责任。

社会资源的稀缺性和政府财政能力的限制，决定了教育资源合理配置的必要性。许多国家的政府越来越重视教育投资政策的导向作用，运用投资杠杆，形成激励机制，引导教育发展，实现经济与教育发展在总量、结构、区域上的协调和均衡。教育的公共投资政策所产生的影响，不仅限制于公共教育投资分配的形式，它还直接关系到国家教育结构的调整、教育规模的调整、教育发展形势和布局的调整等，政府的投资政策会产生广泛而深刻的社会影响。可以说，教育的公共投资政策是影响教育供给的决定因素。

影响教育供给的因素除教育的公共投资政策外，还有教师的供给、招生、就业指导、学生资助等政策。

三、教育需求与教育供给的关系

需求与供给是经济学上的一对相互对立、相互依存的概念。有需求就有供给。教育需求与教育供给的关系也是十分密切的，二者统一于同一个教育过程之中，学校处于教育过程的中间环节，通过有计划、有目的、有组织的培养活动，促进受教育者的身心发展和综合素质提高。学校整个教育过程大致可分为"招生、人才培养、就业"三个环节，这三个环节需要政策的支持与指导，以促进教育事业的健康发展。

教育需求与教育供给之间存在着矛盾。一种矛盾表现为教育个人需求与教育社会需求之间的矛盾。由于教育个人与社会需求的出发点和追求目标不同，因而在教育需求的质量、教育需求的层次和类别结构上必然出现差异。另一种矛盾就是教育社会需求与教育供给之间的矛盾，教育供给即"教育产品"的供给，它与教育社会需求即社会用人单位对教育的需求（在质和量上）往往有较大差距。教育机会的供给在"入口"处就已经形成，而"教育机会"需经过三到五年的教育过程才能形成"教育产品"。随着社会发展，三到五年中社会经济结构会发生很大变化，劳动力市场也会发生较大变化，从而使教育供求之间经常出现矛盾。因此，需要国家教育、人力资源等部门在制定招生、就业政策时，兼顾社会用人单位和个人的教育需求，努力寻找教育需求与教育供给的均衡点。

第二节 高职教育供求矛盾及其调节

一、高职教育供给及需求的含义、特点

（一）高职教育供给的含义分析

高职教育是我国高等教育的一种类型，高等职业教育供给是指一定时期内各

级各类高等职业院校所提供的教育机会,以及提供给社会的教育产品[26]。

高职教育的教育需求可界定为个人和社会对高职教育有支付能力的需求。其按需求主体可分为高职教育的个人需求和高职教育的社会需求。高职教育的个人需求和社会需求实质是高职教育"教育机会"和高职教育"教育产品"的需求,同样发生在高等职业院校"入口"(即招生)和"出口"(即就业)两个环节上。所以前面有关教育需求的影响因素同样适合高职教育。高职教育个人需求受家庭经济状况、个人天赋能力、学杂费高低及教育收益率的影响,高职教育的社会需求受社会经济发展水平、社会个人状况和教育政策等方面的影响。

(二)高职教育需求的特点

高职教育个人需求的特点表现在层次性、多样性、趋利性和差异性等方面[27]。高职教育社会需求的特点主要表现在如下几个方面。

首先表现为多层次性。就目前职业教育发展形势,职业教育表现为多层次的特点,其中,职业教育层次高移将成为职业教育发展趋势。主要原因:科技进步与生产过程中高科技含量的增加,需要提高一般劳动者的职业素质,以适应经济发展对高级职业教育人才的大量需求;高职教育学生毕业以后,学生和家长出现了普遍的"升学"愿望。国家也顺应时代要求,提出要开展本科层次职业教育试点,推动职业教育向更高质量、更高水平发展[28]。

其次表现为规划性。国家通过实施就业准入制,就业资格制刺激社会对高职教育的需求。

最后表现为终身性。由于科技、经济结构和劳动组织不断发展和变化,个人必须不断提高自己的技能,更新知识,这样才能面对工作中不断出现的新挑战。而企业在不断采用新技术、做出投资决定的同时,要充分考虑员工的培训,通过继续教育不断提高员工迅速适应新形势的能力,以提高企业的生存、发展及竞争能力。职业教育终身化是一个必然的趋势。

二、高职教育供给与需求的存在形式

劳动市场上教育供给的"商品"以及教育需求的"商品",具有两种存在形式:一是突显社会公平的教育机会,二是承载社会服务的教育产品。

高职教育的供给指的是高职院校在一定时期内提供给个人的教育机会和提供给社会的教育产品。高职教育机会的供给发生在高职教育过程的起点,体现为高职院校招生的数量和专业;高职教育产品的供给则发生在高职教育过程的终点,体现为高职院校毕业生的数量和质量。高职教育机会的供给是高职教育产品供给的基础。面向全民,正是高职教育机会的供给,是实现教育公平的基石;而面向就业,则是高职教育产品的供给,是促进经济发展的保障。

高职教育的需求指的是社会和个人对高职教育产品和高职教育机会的有支付能力的需要。对高职教育产品的需求是社会发展的功能性或功利性需要，它发生在高职教育过程的终点；而对高职教育机会的需求则是个性发展的人本性或公益性需要，它既发生在高职教育过程的起点，又发生在高职教育过程之中。高职教育产品的需求是高职教育机会需求的动力。对旨在满足社会发展需要的高职教育产品的需求，在时间维度和空间维度上确保了旨在满足个性发展需要的高职教育机会的需求。

三、高职教育供给与需求的行为主体

劳动市场上教育供给的"主体"以及教育需求的"主体"，具有两种结构形态：一是供给主体和需求主体的相对分离，二是供给主体和需求主体的相对融合。

从高职教育供给来看，校企合作、产教融合的高职教育模式的供给来自两个方面：一是职业院校，它既要为国家培养和提供职业人才，又要为企业和社会提供培训或研发服务——这是国家赋予职业院校的神圣任务；二是行业企业，它既要与职业院校合作，共同为企业培养和提供学生这一传统意义上狭义的教育产品，还要为职业院校学生和教师提供实训实习基地、兼职教师等这些现代意义上广义的教育产品——这是发展企业的自身诉求。也就是说，在校企合作、产教融合的情况下，教育机构已从学校扩展至企业，企业不再只是教育产品的消费者——雇佣毕业生，也是教育产品的生产者——培养学生、提供实训教师。因此，高职教育的产品主要是以企业需求为导向并在关注个性需求情况下塑造的学生，以及实训教师和实训基地等。这意味着，校企合作、产教融合，使行业企业和职业院校相互融合，都成为高职教育供给的行为主体。

从高职教育需求来看，校企合作、产教融合的高职教育模式的需求也来自两个方面。一是客观的社会需求，它既是行业企业对获得职业院校教育产品的需求，即需要录用能给企业带来更多利润、促进企业未来发展的后备力量；也是职业院校对获得行业企业的教育机会的需求，即为适应企业发展、提高教育质量，需要企业提供兼职教师并接受职业院校教师到企业实习。二是主观的个性需求，主要是教育产品即"人化的商品"自身职业生涯发展的需求，既包括个体获得教育机会的起点需求，又包括获得就业能力的过程需求。职业院校作为公益性的教育机构，应培养学生设计自身未来发展的职业能力。因此，企业与学校的合作，要在满足功利性的企业需求基础之上满足人本性的个性需求，从而既能使企业获得"好员工"，又能使学生获得"好职业、新职业"，还能使职业院校获得"双师"结构的师资团队。这意味着，校企合作、产教融合的职业教育模式，使

行业企业和职业院校相互融合,都成为高职教育需求的行为主体。

四、教育供求矛盾的产生与调节

教育供求矛盾也就是指教育供求失衡,是指教育处于供给小于需求或是需求大于供给的状态。这种失衡既可能是供给不足所致,也可能是需求膨胀所致,还可能是供求双方共同作用的结果。我国高职教育的供求矛盾主要表现在:高职教育的"产品"存在着以供给和需求的膨胀或剩余为主要形式的数量失衡,以客观办学条件和主观教育期望的不匹配和有差异为主要形式的质量失衡,以层次和专业的或短缺或过剩为主要形式的结构失衡,以企业、院校布局和教育资源配置的不合理和有偏差为主要形式的区域失衡。从动态的角度来看,由于教育供给和教育需求是由不同的主体来承担的,教育的供给和需求都在随着时间的变动而变动[29]。对教育供求矛盾的调节,最典型的有两种,即市场调节和政府调节。

随着市场经济体制的逐步完善,教育供给与需求越来越多地受到市场的影响。将市场机制引入教育领域,会对教育供求产生一定影响。

对高职教育而言,中观层面的办学模式,如学校管理、招生安排和社会服务等,以及微观层面的教学过程,如专业设置、课程开发和教学实施等,一要考虑行业企业的需求,二要考虑学生个性的需求,应该遵循职业教育的规律,实施市场调节。

市场在调节教育供求时是存在局限性的。如果仅靠市场来调节教育的供求,可能会造成教育投资不足、投资方向错误以及教育资源分配不公平等后果,而这些都会导致教育资源的不充分利用和不合理配置[30]。为了弥补市场对教育供求调节的不足,政府就有必要发挥其宏观调控作用对教育市场上的供求施加影响。在市场经济条件下,政府要对教育供求进行宏观调控,主要采用行政、法律、经济和信息等手段[31]。国家对高职教育管理体系、法律法规和经费投入等宏观层面的教育政策供给,一要考虑经济发展,二要考虑社会公平,不能完全依靠市场。

第三章　供给侧改革与高职教育人才培养模式改革

第一节　供给侧改革视阈下高职教育人才培养模式改革分析

一、高职教育人才培养模式的内涵

培养人的方式是对人才培养模式内涵进行的高度抽象和概括。我国普通高校对人才培养模式的改革推动了对人才培养模式概念和内涵的研究。1998年，我国教育管理领域第一次对这一概念进行了陈述，提出：人才培养模式是学校为学生构建的知识、能力、素质结构，以及实现这种结构的方式，它从根本上规定了人才特征并集中体现了教育思想和教育观念。学者们从不同的角度对人才培养模式进行了阐述，总结起来主要有两种。第一种是狭义说。对"人才培养模式"进行界定的出发点就是培养目的，即"培养什么样的人才"和"如何培养"，将"人才培养模式"限定在一种教学活动的范畴，只包括了人才培养目标与人才培养过程（方式或方法）。第二种是广义说。该观点将"人才培养模式"泛化理解，把其概念扩大到整个管理活动的范畴，包含了多种构成要素，如培养目标与规格、专业设置、课程体系、教学过程等，他们将"人才培养模式"视作一种过程的总和。高等职业教育人才培养模式可指在现代职业教育理论的指导下，依据当下的社会发展状况而制定人才培养目标和规格，在遵循客观教育规律的前提下开展教学设计及实施，并在高等职业教育过程中呈现出具有一定目标要求的人才培养方式。

高职教育人才培养模式构建的关键因素是人才培养的目标、质量和规格，当然其他非关键性因素也会对人才培养模式的构建产生一定的影响。其他因素也只是为了实现某种教育目标而采用的手段和方法，但是只有依靠人才培养目标和质量规格才能起作用。任何一种人才培养模式都是为了实现某种目标而建立起来的。因此，高职教育人才培养模式主要包括教育理念、培养目标、培养规格以及培养方式等几个主要方面。高等职业教育的培养目标对人才培养模式的构建有着重要影响。其内涵特征主要表现在如下几个方面。第一，明确的教育目的。以党和国家对人才的要求构建高职教育人才培养模式，来满足社会和经济发展的需求是我国高等职业教育的目的所在，职业教育的目的性对人才培养的方向起着重要的指引作用。第二，教育主体的多样性。高等职业教育的主要任务是培养社会经济发展需要的应用型人才，而应用型人才的培养则需要学校、企业以及各用人单位多方参与培养，这样培养出来的学生才能适应社会发展的多样化要求，适应社会经济发展的需要。第三，人才培养的实践性。高职教育人才培养模式是在实践的基础上发展起来的，实践是高职教育人才培养模式的重要内容，以实践为基础构建起来的人才培养模式才能具有强大的生命力，才能源源不断地为社会输入高素质技能型人才。

二、供给侧改革视阈下推进高职教育人才培养模式改革的意义

我国首先在经济领域提出供给侧结构性改革这个新命题，并对供给体系的质量和效率提出了明确的要求，在适度扩大内需的同时进行供给侧结构性改革，保持经济平稳健康发展。政府在经济领域提出了适应其发展的供给侧结构性改革，那么在教育领域也应进行相应的教育供给侧改革，以求能够适应社会经济发展的要求。而职业教育的本质属性决定了它与经济发展必须紧密联系，它承担着为国家经济和社会供给人才资源的任务，职业教育必须要完成时代交给它的任务。教育供给侧改革是当前我国教育改革的一个新的热点，高等职业教育改革也就成为教育供给侧改革中的一个重要的部分。

随着我国实体经济的快速发展，对技术技能型人才的需求越来越旺盛，高职教育为我国市场经济的稳步前进和可持续发展提供了充足的动力和人才支持。但随着高等职业院校规模的扩大和类型的增多以及招生数量的不断增加，高等职业教育也出现了一系列问题。例如，学校专业设置不合理，盲目扩大招生规模、扩建校区，导致资源重置，人才结构整体发展不均衡，部分高等职业院校人才培养缺乏明确的目标引导，办学特色不鲜明，学科设置针对性不强。传统的人才培养模式存在的主要问题是教学内容涉及面较窄，培养出来的学生易受固定思维的影响，缺乏灵活适应性，难以很好地应对多变的社会需求，更不用说满足日益发达的科学技术对人才质量的高要求了。另外，大量高新技术产业的兴起对高级实用型人才的需求量增多，而传统的高等职业教育培养出来的学生技术性不强，无法满足企业所提出的要求，造成一批高职毕业生在找工作时得不到企业的青睐，从而出现一种高职人才"供不应求"的虚假局面。所以，社会上对高等职业教育人才的评价偏低，认为高职教育很难培养出高素质人才。这就决定了新环境下高等职业院校必须进行相应的改革。

在教育供给侧改革背景下，高等职业院校必须不断制定、调整、完善和树立正确的人才培养目标，最大限度地满足经济社会建设对人才的质量和数量上的要

求。作为市场主体的企业，为了适应外部经济环境的变化，需要不断地调整经营发展战略，进行产业结构的转型和升级。但是要进行一系列的调整和升级，尤其是技术方面的革新，对人才的需求必然会增多，对人才素质方面的要求也会提高，这就使我国的高等职业院校必须适时调整好人才培养策略，更好地适应社会经济和企业的发展。因此，对当前教育供给侧改革提出在人才培养模式方面的要求，适时、合理地调整人才培养目标，构建一个完整、可持续发展的人才培养模式，具有极其重要的意义。

（一）有利于高等职业教育改革紧跟供给侧改革步伐

在市场和企业需求的导向下，把专业建设和结构优化作为教育供给侧改革的重点，力求人才培养的需求端与供给侧相互协调，促进二者之间形成良性互动。坚持以市场为导向培养人才，加强专业供给与经济转型的联系，真正实现以服务社会为宗旨，以促进就业为导向，让专业设置适应产业升级的速度。教学模式能够打破传统的专业壁垒，改变故步自封的老路，加强校内校外协同育人，保持教育的一致性，培养一专多能的高素质人才。

（二）有利于高等职业院校的改革发展紧跟社会经济发展步伐，更加明确高等职业教育的发展方向

虽然高等职业教育的建设取得了较大进步，但也出现了一些与经济社会发展不协调的问题。例如，学校与企业合作的形式比较单一，合作的层次不够深入；国家财政支持力度不足，实验实训建设与培育"双师型"教师难度较大；受市场冲击、社会地位、教师收入等客观因素的影响，一些优秀的教师向经济发达地区流动；一部分高等职业院校因缺乏对人才培养目标的正确认识，导致在发展过程中出现了办学方向不明确的问题，培养出一批不符合社会需求的人才，造成教育资源的浪费与重置等。因此，在教育供给侧改革的背景下，明确人才培养目标，改革人才培养模式，有利于高等职业院校确立正确的人才培养方向，能够有效地缓和以就业为导向的办学理念与实际就业困难之间的矛盾，提高教育资源的使用效率。

（三）有利于进一步促进高等职业教育根据需求侧的要求明确人才培养目标

高等职业教育人才培养的核心是人才培养目标的确立，有了明确的人才培养目标，高等职业教育对人才的培养才能够少走弯路。究竟要培养出具备什么样技能的人才能符合社会发展要求，才能满足企业需求，是高等职业教育需要时刻关心的重点。高职院校办学过程中根本性的问题是人才培养目标如何定位，人才培养目标的准确定位不仅决定着学校的办学方向，而且对教学计划的制订、教学内容的选择以及教学方案的实施起着至关重要的作用。高等职业学校应准确确定人才培养目标，多方位促进学生发展，培养高素质人才，这样高等职业院校才能实

现可持续健康发展。

（四）有利于高等职业教育坚持"协调发展理念"，加快推进职业教育"走出去"的战略步伐

高等职业教育直面人才供给数量不足、供给质量不高等严重问题，对人才培养模式进行深入改革，使高职教育既能够在国家实施"一带一路"倡议过程中提供人才、技术、管理等方面的支持，又能抓住"一带一路"发展战略带来的机遇，提升创新能力，促进自身发展。

第二节　供给侧改革视阈下高职教育人才培养模式问题分析

一、课堂教学供给侧存在"教"与"学"的矛盾

教学资源主要包括物质资源和教师资源。国家加大职业教育经费投入之后，一些高职院校的校园环境十分漂亮，但是实验实训基地建设却跟不上应用型人才培养的步伐。在教育教学过程中，教师素质直接对人才培养的质量和规格产生影响，但当前相当一部分高职院校具备"双师"素质的教师数量不足，"专兼结合"的双师结构师资队伍建设困难。这就导致教师在教学过程中"教"得太多，讲得太多，教师所传授的理论知识很多时候是与实践相脱节的，课堂上依然是以老师教学为主，学生依然是知识被动的接受者。同时，留给学生自主学习、主动探究的时间和空间也相对有限。教学一味关注专业知识的传授而忽视学生创新能力、实践能力、人文情怀和公民意识的培养。教学内容脱离行业应用，教学方法陈旧单一，难以激发学生的批判性思维和创新创业精神。作为需求方的学生，学习的选择权和学习过程中的主体地位未能得到充分体现，缺乏主动学习、独立思考的能力，知识、能力与素质结构和行业岗位要求不相适应。

二、人才培养中目标定位不准，供给目标欠清晰

教育部出台的《关于加强高职高专人才培养工作的意见》明确指出，我国高等职业教育的人才培养目标是培养德、智、体、美等全面发展的高级技术应用型人才。在实际操作过程中，我国相当一部分高职院校对人才培养目标的认识存在偏差，有的高职院校在理论教学和实践教学的关系处理上不够全面，或忽视理论教学，或忽视实践教学，二者很难得到统一；有的高职院校则忽视人文方面的教育，在人才培养的过程中，专业知识和技能培训所占的比重较大，忽视了学生个性的发展，以至于培养出大量的只会空谈理论而缺乏实践能力的"人才"。基础知识既不扎实、又缺乏相应的实践经验的学生很难适应社会经济发展的要求。

三、人才培养课程评价方式单一，缺乏行业企业深度参与

虽然我国高职院校的教学质量在不断提高，但是，在发展过程中也存在着一些不足。部分高职院校在学生的评价方式上存在着一些缺陷，对人才培养的评估没有科学合理的方法，没有一个相对独立的评估部门，评估的主体比较单一，主观性较强，客观性不足，很难突破传统的评价方式。且在评价过程中企业并不参与评价，这就导致高职院校在人才培养过程中处在一个较被动的位置，教育质量很难得到有效提高。

四、办学理念与实践教学偏离实际发展需要，供给理念有偏差

在高等职业教育教学过程中，教学理论与教学实践是统一的，理论可以指导实践，实践可以推动理论的发展。但是，一些高职院校在实际的教学过程中忽视理论和实践之间的关系，人为地割裂理论和实践之间的联系，存在着"重理论轻实践"的现象，忽视甚至违背教育发展的规律。有的院校甚至直接照搬了本科院校的教学模式，导致学生学习的知识与所处的教育阶段不符，无法达到有效学习的目的；有的院校则因为缺乏实践设备场所取消了实践的环节。此外，学校的教学人员与企业接触得少，讲授内容大多局限于学校提供的教材范围内，对企业和社会需求的定位不准确，这种教学方式很容易使学生在技能培养方面与社会实践脱节，与社会的发展趋势不一致，偏离区域企事业单位发展的需要。

五、人才培养质量不能适应区域行业企业的需求，人才供给适应性不强

我国高等职业教育近年来取得了显著的成效，但随着高职院校数量和规模的增长，其粗放式发展带来的问题也逐渐显露出来。部分高职院校一味追求学科门类和专业数量的"大而全"，而不注重学科专业内涵建设和培养方式的创新，专业设置盲目跟风，缺乏特色，"千校一面"的同质化现象严重，导致人才培养质量受到严重影响，部分专业人才供给"产能不足"，而部分专业人才供给则"产能过剩"，人才培养的学科专业结构不能适应产业转型升级和新兴行业企业对专业人才的市场需求。

六、专业设置与区域经济发展脱节，人才供给缺乏针对性

我国高等职业教育的发展与区域经济发展水平有着密切联系，当前大多数高职院校都依据本地区经济发展过程中企业对人才的要求设置和调整专业，以期满足企业对人才的需求。但一些高职院校尤其是由多所中等专业学校合并升格的地方高职院校，由于长期形成的办学模式惯性，面对职业结构频繁变动的状况不能

适时地调整专业设置，并且专业设置比较单一、缺乏特色，忽视了一些地方特色专业的开发，严重影响了专业向高水平发展。有些学校在专业结构调整方面缺乏科学的依据，跟不上产业结构调整的步伐，专业设置面过窄，且划分过细，与人才的实际能力需求存在较大的偏差，学生的知识面较窄，专业素养不达标，在多样化需求的就业市场上缺乏竞争力。

七、教学内容相对陈旧，供给内容针对性不强

我国高职院校的教学内容相对陈旧，缺乏弹性，在教学设置上采用固定的学年制或学分制，使我国的职业教育不能很好地适应市场需求。一些高职院校的教学计划中，各门课程之间衔接得不够紧密，存在脱节现象。有些学校的教学计划从表面上看理论课与实践课的比例接近1∶1，看似很合理，但在实际教学过程中实践课程却仅占学时的25%，而发达国家的这一比例则高达45%，远远高于我国的教学水平。进行课程开发的老师与企业沟通不够紧密，总是闭门造车，导致课程的开发与设置并不能契合企业的需求，与经济社会的发展相脱节。教学内容并不能有效结合理论和实践，教学过程无法摆脱教师主体的枷锁，学生的学习主动性与积极性不强。

第三节　国外职业教育人才培养模式经验分析及启示

一、主要发达国家职业教育人才培养模式分析

（一）关于以学生为本位的人才培养模式

美国的"CBE"（Competency Based Education）模式是一种典型的以培养学生能力为基础的职业教育人才培养模式，以培养学生从事某一岗位所必须具备的能力为主要目标，主要由职业分析、教学实施管理、教学评价这几个部分组成。它可根据学生学习程度的不同，因人而异地进行学习安排，选择适合学生知识水平和接受能力的学习内容和进度，以能力作为教育教学的基础和评价标准。这种教育模式对学生职业角色的发展进行全面分析，强调学生在学习中的主体地位，其人才培养的核心目标是使学生掌握从事某项工作所需的技能。以学生为本位，为学生提供学习服务。注重学生独立自主能力的培养是"CBE"模式比较突出的特点，学生可以根据兴趣、爱好、能力调整自己的学习进度。它的特色主要体现在课程设置方面，在广泛听取用人单位的意见之后进行课程设置，在课程目标设置上更加具有针对性，教学手段也灵活多样，教学目标的可操作性较强，教学内容更加丰富和完善，重视理论知识与实践的结合，在很大程度上能够满足用人单

位对培养对象的需求。

美国的高等职业教育在培养手段上重视实践性和校内外资源的整合，并在教师队伍建设方面有着自己独特的见解。其职业教育的主要职责是"直接为经济社会服务"，以培养社会各行各业所需人才为主要目标，所培养的学生在将来也主要从事科学或者其他方面的技术性、半职业性工作。培养出来的大批专业技术人才，为美国经济的发展提供了充足的动力，有力地推动了美国市场经济走向繁荣，形成了具有美国本土特色的高职教育人才培养模式。

（二）理论与实践相结合的人才培养模式

德国的职业技术教育系统比较完善，教学形式也灵活多样，因此培养的人才质量也较高。德国在职业教育领域采用"双元制"的人才培养模式，所谓"双元制"模式，其中"一元"指以企业为主的校外实际训练场所，其主要职能是对学生在实际工作环境中进行岗位专业技能培训。另"一元"则是职业院校，其主要任务是让学生接受和学习专业知识。"双元制"是一种以高职院校为主，理论与实践相结合、企业与学校相结合的人才培养模式。德国的高等职业教育主要由两个阶段构成，第一个阶段是初步学习，即基础阶段；第二个阶段是深化学习，即拔高阶段。在初步学习的阶段，学生只需掌握基础性的理论和实践技能，此阶段的主要任务是将学生培养成助理工程师或者助理经济师级别的人才，学习完成后既可选择结业，也可选择继续进行深化学习。在深化学习的阶段，学校在教学内容上的选择会对学生的专业方向有所侧重，主要是将学生培养成相当于工程师水准的专业人才。

德国"双元制"人才培养模式以企业实训为重点，学校理论教育为辅助；重实践而非理论，重视对学生职业技能的培养；专业理论与实践相结合，提高了学校办学的质量，有效促进了教育教学的实施。德国的"双元制"人才培养模式也存在不足之处，例如，学校教学与企业培训之间缺乏关于人才培养的有效沟通，在一些政策以及培养方式方法上较难协调；在不同的场所实施教学以及分阶段式授课，使学生的学习缺乏连贯性，容易造成学生学习缺乏系统性，使学生对知识的掌握不够扎实。

（三）校企深度联合的人才培养模式

1986年英国创建的"BTEC"（Business and Technology Education Council）模式即"三明治人才培养模式"，是英国主要的职业教育人才培养模式，这一模式先让学生在企业锻炼一年，这样经过实习锻炼的学生能在工作中对将来所学有一个初步的体验和认识，然后再回到学校完成2～3年理论课程的学习，由此学生可以将实习中所经历的实践与课程理论相联系，最后再回到企业工作实践1年进行巩固。"三明治"人才培养模式让学生自己选择实习的工作环境,将所学的课堂知识在工作中得以运用,培养出来的学生在就业时就具备较高的实践能力和创造力,能更好适应工作。其坚持以学生为中心的教育理念,允许并鼓励学生在学习和探究活动中表现出不同的个性,勇于发表自己的看法,敢于标新立异。这从根本上改变了以卷面分数为依据的传统的考核方式。

英国的"三明治"人才培养模式具有以下几个特点。第一,以工作现场为教学中心,评定体系多元化和综合化,传统的课堂考试、理论测验仍然是其评定体系的组成部分,只是倾向性不明显。学生职业能力考评方面重视现场考核,以学生的日常实际工作成果为主要的考核依据。第二,参考平时的学习成绩,经常对学生进行生成性评价,在工作场所中对学生进行国家职业资格评定,职业资格证书的颁发与获得主要取决于平时对工作现场评定的考核状况,这样保证了评价方式的科学性,根据考查累计的材料做出的评定结论更加具有公平性和客观性。第三,以公平、开放作为评定工作的原则,评定的标准较具体。

(四) 注重能力本位的人才培养模式

澳大利亚国家培养职业人才的重要机构是技术与继续教育学院,简称"TAFE"(Technical And Further Education),主要培养学生实际工作能力,其办学的宗旨是"以能力为中心、以就业为导向",促进学校人才培养与就业市场之间的有效对接。澳大利亚各州政府专门设立了不同的职能部门,以此来确保职业教育的发展。澳大利亚各级政府对职业教育在财政方面的投入力度很大,并建立了一个由政府、企业和个人组成的多元化职业教育投资体系。澳大利亚建构职业教育人才培养模式的标准很高,对教师进行严格的职业培养,并且对教师采用聘任制,运用现代化教育手段,加大对教学设施设备的投资力度,努力改善学校的办学条件,对教学管理人员进行严格的技术和职业培训。

澳大利亚政府在人才培养方面同样注重以学生能力为本位的培养模式,对招生对象在年龄上放宽限制甚至没有限制,倡导终身学习的理念;重点培养学生的职业岗位能力,提高学生的实践操作能力,促进学生在思想交流、信息运用、团结协作等方面能力的提升,以适应市场发展的要求;采取灵活且实用的课程设置方式,课程设置范围较广,课程种类较多、较全面,每学年提供多种职业和非职业课程供学生选择;在课堂上主要采用小组讨论学习的教学办法,教师均受过专业培训,教学经验丰富;采取小班授课的方式,教师能够对每个学员进行悉心指导,制订符合每个学生发展特点的教学计划。由此可以看出澳大利亚的职业教育体系较完善,在人才培养措施方面注重学生能力的培养,对社会经济的发展起到了重要的推动作用。

二、主要发达国家高职教育人才培养模式经验的启示

（一）注重学生的职业生涯规划，提高就业竞争力

学生的职业生涯规划对学生毕业之后的择业有着直接影响，而学生的择业观、就业能力对就业状况又有着重要的影响。因此，应将学生的职业生涯指导纳入学校的课程体系，注重对学生职业规划的指导，职业定向有利于学生对未来所从事的职业产生积极的态度，并且会更加努力提高本领，以期在未来工作中能更出色地完成任务。同时，学生通过对自己的职业生涯的分析和了解，能够明确向往的职业对其职业素质的基本要求，进而分析自身的特点，进一步提升素质，掌握更多专业知识并形成一个完整科学的职业技能体系，从而提高其自身的就业竞争力。

（二）不断完善教育政策法规与评价体系，支持职业教育持续发展

无论是德国"双元制"模式，还是澳大利亚 TAFE 模式、英国 BTEC 模式、北美 CBE 模式，都是建立在完善的法制体系基础上，使职业教育的开展有章可循、有法可依，从而为整个人才培养的顺利进行提供强有力的保障。澳大利亚政府对职业教育在财政上的支持力度相当大，同时也制定相应的政策支持职业教育的发展。英国为了支持其职业教育事业的发展，出台了很多相关的法律，如为满足 21 世纪旺盛的人才需求，英国政府相继颁布了《21 世纪的教育和训练》白皮书和《国家教育培训目标》，这些法律法规既保护了学生受教育的权利，促进了本国职业教育管理体制的完善，又为英国职业教育的健康有序发展提供了法律支持和保障。德国也相当重视职业教育立法的发展，关于职业教育的法律有很多，例如《手工业条例》《联邦职业教育法》《联邦职业教育促进法》和《培训员资格条例》等。在这些发达国家中，政府在职业教育发展过程中发挥着不可替代的作用，尤其是在法律政策和财政支持方面，为促进国家职业教育的发展提供充分的政策和资金支持。我国政府应当借鉴这些国家的职业教育办学经验，提高国家对高等职业教育的重视程度，不仅从教育发展角度对高等职业教育进行改革和创新，更要着眼于教育事业带动产业创新、促进科技进步的重要作用；还要从保障公民受教育权利、促进经济发展、维护社会稳定、调整劳动就业的结构等多个角度来审视职业教育，对职业教育的发展给予全方位的政策支持。

我国虽然也早已出台相应的职业教育法律法规，但是随着经济社会的发展，众多专家也呼吁要随之修改，2019 年出台的《职教二十条》为我国职业教育的可持续发展做出了相应的规定。此外，在职业教育中，应用性和实践性是其核心要素。我国很多高职院校还是参考本科院校的办学模式，重视理论考核，虽然也

增加了实际操作技能,但都在不同程度上忽视了相关企业的认同感。国外先进职教经验很多都是从国家或政府层面组织建立考试评估机构,然后由行业协会和企业直接参与培养评价,以保障考核评价的公正性与有效性。

(三)树立"能力本位"的职业教育办学理念

高等职业教育能力本位的办学理念,是由高等职业教育的人才培养目标及其自身特性决定的。立足于国家教育发展的理念是职业教育的办学目的,研究和讲授人类社会发展的各种必需的理论和方法是其主要职责。树立能力本位的办学理念,采用产学研相结合的人才培养方式,培养学生的动手实践能力,为国家和地区经济的发展提供人才上的支持;通过开放式的教育方法为教育的可持续发展做出贡献;通过完善的高职文化体制促进社会文化不断向前发展。

(四)重视高等职业教育师资队伍建设

在教育实施的过程中,教师是教学活动中的主体,教师教学水平高低直接决定着教育质量的好坏,没有教学质量过硬的教师人员配备,人才高质量培养将无从谈起。因此,高等职业教育在改革的同时也要重视教师队伍的建设。高等职业教育是具有双重属性的高等教育,这就决定了高等职业教育学校的教师不仅要有扎实的专业知识基础,还要有丰富的教学经验以及较熟练的岗位技能。高职院校要建立一支专业素质过硬的师资队伍,就需要积极地创造条件,定期安排教师到相关的企事业单位和科研单位实习和培训,增加教师在实践方面的机会。不仅如此,高职院校还要对授课教师进行职业能力培训,提高其专业技术能力。如果"双师型"教师资源不足,可以通过聘请兼职教师的途径来解决职业技能问题。高职院校师资队伍的质量,在一定程度上制约着高等职业教育可持续发展的进程。

(五)加强职业院校与企业的深度合作

发达国家成功的职业教育经验告诉我们,注重校企合作,充分发挥校企双方在职业教育中的作用,是职业教育取得良好教学效果的有效保障。德国职业学校基本都设有包含企业主、行业专家、企业家在内的学科专业委员会,该委员会是将学院与企业联系在一起的纽带,学院根据学科专业委员会提供的企业需求去开设相应的专业,并根据实际需求适时地调整教学计划,使高等职业教育培养的人才与社会需求相适应。另外,德国的职业学院还有一半的兼职教师,他们大多是企业请来的精英,既能为学生讲授较专业的知识,又能指导学生进行操作技能训练,这样按企业的要求培养出来的学生,才能够满足企业的需求。这种办学模式使学生在学校既能够在理论的指导下进行实践,又能通过实践巩固理论,是一种有效的应用型人才培养方法和途径,值得我们借鉴。企业是职业教育产品的最终

"消费者",也是职业教育成果的直接受益者。因此为了避免校企合作、产教融合流于形式,学校可以积极邀请企业参与办学,高等职业教育的人才培养过程中应有企业的参与,从培养目标到培养评价,由企业全程深度参与,让企业在人才培养的过程中发挥指导性作业,共同培养企业所需人才,实现企业与高职院校的互利共赢。

(六)创新教学方式方法,尊重学生主体

我国相当一部分高职院校依然存在课堂上"教师主体"的现象,学生被动地接受知识,而不主动地去进行知识建构。发达国家职业教育人才培养模式中,往往都体现了"学生主体"的教学思想。如为学生创设不同的教学环境,激发学生学习兴趣。多样化的教学方法,如小组讨论、企业调研、演讲辩论、情景模拟等,给予学生更大的自主权。甚至在教学过程中,学生能根据自身水平灵活选择不同的培养方式、不同的考核方法,尊重学生的个体差异性。而教师的角色定位也由传统教育的知识传授者变成了引导者,学生从被迫接受知识变成了主动建构新知识,这样有助于学生综合素质的发展和师生关系的改善。

第四节　基于供给侧改革的高职教育人才培养模式改革对策

人才培养是高职院校的使命和第一要务。"培养什么人"和"怎样培养人"是大学教育的基本逻辑起点。前者关乎教育目标,后者涉及教育内容和方法。而人才培养模式则是将"培养什么人"这个方向性问题和"怎样培养人"这个技术性问题结合起来的纽带,也是解决人才"供需错位"结构性矛盾,使人才的供给侧和需求侧相协调,实现高职院校与社会衔接的切入点。从供给侧入手的人才培养模式改革思路并不是"就供给谈供给",而应着力解决当前我国高职院校人才培养"供给跟不上需求"的突出矛盾。可以说,人才培养模式的"供给侧改革"本质上是需求引领的高等教育供给侧结构性优化。其核心要义包括两个方面:一是丰富教育供给结构,为学生提供多样化、可选择的教育资源、教育环境和教育服务,替代和打破原有单一的培养模式、统一的课程资源、僵化的考试评价机制;二是提高教育供给端的质量、效率和创新性,使其更贴近学生的消费需求和消费习惯,做到既能满足学生个性发展的需要,又能有效对接社会需求。因此,供给侧视角下的高职教育人才培养模式改革应围绕经济社会发展转型时期"培养什么人""怎样培养人"这两个根本性问题展开思考和探索,主动回应时代变化和社会转型对人才创新品格、能力和素质的要求,从人才培养理念、培养目标、课程和教学体系、培养过程、培养方式及培养体制机制等方面寻求转变。

一、切合社会需求，明确供给目标

在教育供给侧改革背景下，培养出大量的高素质高技能型人才，推动区域经济社会的发展，是高职教育亟待解决的问题。只有明确培养目标，才能培养出为企业和社会所需要的人才。我国部分高职院校一味重视规模的扩张，忽视质量与内涵发展，在教育供给侧改革的历史关口，高等职业教育必须重新审视自身的办学理念与培养目标，主动与企业对接，寻求与市场及企业需求相适应的切入点，以此来适应产业结构的转型与升级。没有目标，高职教育的人才培养就缺乏前进的方向，人才培养过程就无法有效推进。我国的高等职业教育人才培养目标应紧跟时代的发展步伐，立足于社会发展的实际及时进行调整，从培养技能型人才到培养综合型人才，再到培养高素质技能型人才，目标针对性越来越强，越来越注重人的发展和其整个职业生涯的发展。因此，高等职业教育人才培养目标应立足于现在，着眼于未来，在培养一名合格的劳动者的同时注重培养其终身学习的观念、创新思维以及适应未来社会不断发展变化的能力。

在万众创新、大众创业的时代要求下，高等职业院校应全面贯彻落实创新、协调、绿色、开放、共享的发展理念，在人才培养上应与我国当前社会发展状况相一致，紧跟时代步伐，为我国生产力水平的整体跃升提供动力。我国的教育目标是培养面向世界、面向未来的高素质人才。因此，高等职业教育的发展需要了解世界、了解未来对人才的要求，及时更新专业设置体系，将先进的科学文化知识传授给学生，以促进生产力的发展作为出发点和落脚点，调整专业学科，对课程进行改革，使高职教育有效培养社会需要的人才，真正为社会生产力发展提供人才服务，促进社会不断创新发展。

二、转变高职教育思想以及办学理念，实现有效供给

教育供给侧改革背景下，现代高职教育必须体现学生主体地位。高等职业教育应把"以学生为本"作为其发展的基本思想。在人才培养过程中落实以学生为本的基本思想，因材施教，注重学生个性的发展；以学生为中心，在学习上给予学生更多的选择权利，培养过程要避免传统的学科本位的教学方法，切实把握学生职业能力发展，增强学生毕业后的岗位适应能力，缩短职前培训时间，提高学校的人才培养效率；开启"从学生到学生"的教育模式，由学生根据自己的实际需要自行组织起来一起实践，包括一起创业，由学生自己探索和选择，在实践中灵活运用所学专业知识。发展学生个性的基础是确立以学生为本的教育思想，培养学生学习的积极性、创造性，激发学生学习的兴趣，为学生提供充足的学习动力。在新的历史机遇期，为促进高职教育人才培养模式的改革和完善，学

校须遵循学生身心发展的客观规律，促进学生身心健康的发展，这样培养出来的学生能够更好地适应经济社会的发展，满足社会多样化发展的需求。

构建实施开放、共享的办学理念。近年来，我国高职教育办学理念的开放对人才培养模式改革的发展产生了重要的影响。构建开放办学理念主要应从以下几个方面做出努力：一是切实加强校企合作，与区域企业建立合理的沟通体系，整合一切校内外资源，使学校人才培养切合企业岗位需求，降低学校的育人成本，提升高职院校人才培养效率；二是在人才培养过程中加强高职教育的社会功能，促进产学研的深度融合，改变原来封闭式的办学风格，进行开放式办学，在为区域经济服务的同时也不断促进自身发展；三是在同行之间促进高等职业教育机制的开放，加强学校与学校之间的沟通和交流。各高职院校之间可以相互借鉴对方合理的办学模式，共同促进高职人才培养路径的优化。

三、强化人才培养过程改革，弥补供给短板

首先，要科学和系统地培养学生实践能力，在课程设置和教学内容设计方面，注重理论联系实际，在理论教学结束后，及时安排相应的实践教学，使学生在掌握理论知识的同时，能够对所学知识加以应用，将理论转化为实践技能。在人才培养的过程中应适当加大实践教学的比重，实践教学在总课时中应占一半以上的比例。实践教学要根据实际情况因材施教，正确处理理论教学和实践教学之间的关系，制订符合学生发展的实训计划，设计合理可行的实训大纲。高等职业教育的课程体系和教学内容的核心必须是学生职业能力的培养。

其次，要动态化设置专业，建立市场引导、动态开放、独立评价的预警退出机制。为防止因盲目跟风而引发的因人设岗、设专业等不良现象的发生，对专业实行由第三方进行评价的动态调整机制，按培养质量和就业状况对专业实行预警制度，坚决取消一些就业率低且生源不足的专业，减少那些就业长期不畅的专业，对招生和就业前景不好的专业实行强制退出机制。减轻教育的"需求端"和"供给侧"之间的结构性失衡，寻求二者之间的平衡。

最后，要优化教学评价。高职院校教学过程中往往重视对学生专业知识和技能掌握情况的评价，忽视了对高职学生创新意识及创新能力的教育和培养；主要将学生专业成绩作为评价标准，忽视了对学生知识学习、形成、发展这一过程的评价。所以高职院校应及时优化教育教学评价机制，采用综合性评价推动学生综合素质的全面提升。采用多种评价形式和方法，从以往的以学生课程成绩作为唯一评价标准的方式转变为将学生专业课程成绩、课堂学习表现、专业技能、实践创新等多个方面作为评价标准的多元化评价方式。评价层次不断从理论知识学习能力、思考分析能力的评价转向专业技能实践操作能力、创新意识和创新能力的

评价；评价方式也应多样化，如教师直接评价、学生自我评价、试卷评价、学生互相评价等。通过不断优化和革新高职院校教学评价体系，为培养创新型人才提供源源不断的动力。同时引入行业企业、学生家长等第三方评估系统来保证教学结果的公平性与合理性，多元化的评价和考核制度尊重学生的个体差异性，保证教学过程的优质高效。

四、推进人才培养方式从"以教为主"向"以学为主"转变

教与学是高等职业教育人才培养过程中的一对主要矛盾。长期以来，高职教学活动都是以教师为中心，只注重教师的教，不注重学生的学，并且更多地强调"求同"，讲求整齐划一，按照一个口径、一个模子培养人才。而对"存异"，也就是学生多样化、个性化的需求包容不足，供学生自由发展、个性成长的空间不够。高职教育要遵循高职学生的身心发展规律和人才成长规律，关注学生不同特点和个性差异，注重因材施教，使学生的个性特长得到充分的发展。随着知识经济发展和创新型国家建设，未来社会对人才的多样化需求将大大增加，对创新创业能力的要求也将大大提高，靠单一模式培养出来的学生显然难以适应大环境的变化。面对越来越多的不确定性，高职院校必须变换思路，推动高职人才培养方式向"以学为主"转变，在促进教育多样化和学生个性化发展方面有所突破，真正增强高职学生的学习主动性、自觉性和积极性。

鼓励学生在课外积极进行丰富多样的自主个性化学习和实践，通过科研、创新创业项目，各类竞赛，论文、作品发表，科技成果，社会服务，参加课外阅读及学术讲座，考级考证等方式，修满相应的自主学习学分。积极推进学分制、学籍管理制度等配套制度的改革。建立专业流转制度，由各专业制定本专业的考核标准和专业流转条件，允许学生在学科门类内自由转专业。实施弹性学制，允许学生调整学业进程，保留学籍休学创新创业。根据人才培养多样化的需求，优化专业学习达标条件，探索高职学生顺利毕业新模式，增强毕业生就业适应性与竞争力。

五、积极实践"项目引导、学训交替"为特征的人才培养模式

在区域产业不断转型升级的时代背景下，高职教育应以职业能力为导向实践"项目引导、学训交替"为特征的人才培养模式，将校企合作、能力层次培养、创新能力及职业素质教育贯穿整个人才培养过程。第一，项目引导。专业人才培养有"专业基本知识、专业核心知识、专业综合知识"三个递进式阶段项目。这三个阶段项目能更好地保证学生获得所需的专业基本能力、专业核心能力和专业综合能力。将项目贯穿课堂教学中，以项目实施的过程为主线，把知识点分散到项目的各

个任务中进行传授，培养学生的岗位技能并使其具有可持续发展的职业潜力。第二，学训交替。采用任务驱动和"教、学、做"一体化的教学模式，课程教学以项目任务为主线，充分利用校内外实训基地。以学生为中心、项目为载体，项目任务完成即教学内容完成，将真实项目用于教学实验实训，促进学生职业能力的形成，即实现学生从"新手"到"熟手"再到"能手"的技能转变。

六、协同育人、多元治理，构建人才培养多元利益主体共同治理体系

受传统办学理念的惯性束缚，我国高职院校缺乏对人才培养模式的系统思考。人才培养的规格和数量大都是按照政府的行政指令来完成的，忽视教育发展的内在逻辑和大学的本质属性，缺乏对快速变化的外部环境和市场需求的感知和反应机制。高职院校内部不同院系、学科与专业，以及不同部门之间边界清晰、条块分割，办学资源分散、封闭，导致人才培养缺乏整合统筹。随着时代发展和社会变迁，这种闭门造车式的人才培养机制已经难以适应社会的需求。对于"培养什么人"和"怎样培养人"的问题，不能再像过去按照政府的定位和规定去解答，也不能再依赖高职院校单一主体进行，而是需要突破政府、高职院校、行业、企业等与人才培养相关的不同社会主体间的壁垒，实现教育资源的有效聚合和多元主体的相互配合。

人才培养供给侧改革的关键在于重新构建一种资源配置的模式，使高职院校与外部环境之间，以及高职院校内部与人才培养相关的各要素之间实现最优配置，扩大有效教育供给，提高教育供给结构对需求变化的适应性和灵活性，为高职学生的成长成才创造条件。为此，一方面需要打破政府、高职院校、行业与企业的界限，切实提高教育资源整合能力，推动多元主体协同育人；另一方面作为教育教学活动主体的高职院校、院系、教师、学生自身的主观能动性和推进教学改革的内驱力应得到充分彰显和切实提升，要充分调动院系、教师的积极性和学生内在潜力，推进管理重心下移，增强院系办学主体地位，落实教师的教学主导权和学生的学习选择权，激发基层办学活力。通过高职院校内部、外部多元主体的相互配合、相互补充，形成人才培养利益相关者广泛参与、共同治理的完整体系，为高职教育人才培养模式改革的不断深化和持续发展提供内生动力。

第四章 高职教育专业供给侧改革

第一节 高职教育专业及专业供给现状分析

一、相关概念的界定及关系厘清

（一）高职教育专业供给

供给与需求是经济学领域的概念。以古典经济学为界限，在古典经济学兴起之前，"供给"特指财政中的"特许供应"和军事中的"后勤保障"；而"需求"有"效用""承担""受托"等意思，且供给与需求两术语没有明显对应关系。古典经济学兴起之后，"供给"开始表示一般化的商品或服务供应；而"需求"开始特指商品或服务的效用，且强调与经济行为人之间的关系。高职教育专业的供给主要包括培养的人才、经费、师资队伍、制度等要素，专业的需求主要指学生、院校、社会等多方相关主体的利益诉求。

（二）专业结构

专业结构是指各级各类教育机构中各专业门类间的构成关系，根据研究视角的不同，可将专业结构划分为纵向专业结构、横向专业结构、区域专业结构、课程专业结构。这四类专业结构既是一个较为封闭的系统，也是专业结构的重要组成部分，只有各组成部分处于相互协调的和谐状态，才能保障各个结构的功能得到最大程度的发挥，才能达成科学合理的目标。

纵向专业结构主要是指高等院校根据各层次所处阶段培养目标、社会需求及办学条件的不同，可分为专科层次、本科层次和研究生层次，且三层次内部的专业结构亦有很大差别。在构建现代国民教育体系的视野下，三层次必须保持相互联系和依托，低层次专业结构必须为高层次专业结构提供基础和实践，而高层次专业结构必须为低层次专业结构提供更深入的理论。如现代职业教育体系与普通高等教育专业结构衔接，现代职业教育体系内部应注重中等职业教育专业结构、高等职业教育专业结构、应用型本科专业结构乃至专业硕士专业结构的有机衔接。只有这样才能营造各层次产业结构相互促进、共同成长的环境。

横向专业结构是指高等院校专业内部的横向组成，主要分为专业大类、专业类、专业三个层次。第一层次是专业大类，主要由大的专业门类组成，如普通高等教育中的理、工、农、医、财经等类别;高等职业教育中的农林牧渔大类、财经商贸等专业大类。第二层次为专业类,也可称之为专业学科,该层次主要从专业大类分化而成,如人文社会学科中的社会学、历史学等类别。第三层次为专业,也可称之为学科小分类,该层次由第二层次细化而成,如房地产专业类中的房地产经营与管理、房地产检测与估价及物业管理等。

区域专业结构是指高等院校由于所在地区发展水平的不同而形成的不同区域专业结构。根据单位区域范围的不同,可将区域专业结构继续细分为全国各个省份、全国各个大中城市、全国各个县区三种不同的分布。各个区域经济水平、科技水平及文化发展程度不一,导致不同区域高等院校的专业结构不尽相同,这样的专业结构才能更好地基于区域发展的特色,形成与区域产业结构相适应的专业结构,从而也能够促进专业结构自身的可持续发展。

课程专业结构是指以课程作为专业结构组成的关键要素,凸显了课程作为专业结构组成单元的重要性,规避了人们忽视课程结构单独探讨专业结构的弊病,同时防止了专业结构中专业类别设置过窄、过细的问题。随着产业结构的深刻变革,要求培养的人才必须具有"知识集约型"的特点,能够独立分析、处理复杂的问题。这赋予了高等院校专业课程结构更多的要求,高等院校必须关注基础课、专业基础课、专业课三部分课程结构的建设与发展。

(三) 产业结构

产业结构是指国民经济中各产业间构成和相互结合的比例关系。产业结构反映某一国家及地区各产业间构成的比例关系及其变化趋势。它是一个动态发展的过程,并指向以高效益、高级化为表征的发展目标。产业结构与经济增长之间是互为因果的关系,产业结构不仅是经济发展的原因,亦是经济发展的结果;经济发展水平的提高会导致产业结构的转型升级,而产业结构的转型升级也将大力推动经济社会的进一步发展。一个国家或地区的经济均处在一个不尽相同的产业结构中,而相对合理的产业结构是经济社会稳定、和谐、高效发展的必要条件,合理的产业结构都处在一个特定的社会经济条件下,是经济社会发展到一定阶段的产物。

从产业结构是否适应经济社会发展的角度来看,产业结构可以划分为"朝阳产业"和"夕阳产业"。朝阳产业是指那些适应经济社会发展且增速较快的产业,如高新科技产业等;与之相反的是那些不适应经济社会发展甚至出现萎缩的产业,如传统的农业及低端制造业等。

从各个产业投入的生产要素、主要生产资源的占比来看,产业结构可划分为劳动密集型、资本密集型和技术密集型产业。劳动密集型产业主要是指生产过程中使用大量劳动力、较少依赖技术和设备的产业。它是以生产成本中工人工资和设备折旧、研发支出的比例为衡量标准的。劳动密集型产业通常指农业、纺织、服装、家具等产业，而伴随着科学技术的进步，很多传统的劳动密集型产业依靠生产技术和资本投入，逐步脱离了劳动密集型产业。资本密集型产业主要是指在单位产品的生产成本中资本成本相对劳动成本的占比较大，且每个生产者所用的固定资本和流动资本较高的产业。资本密集型产业通常包括运输设备制造、电力工业、钢铁业、石油化工等产业，此类产业是衡量一个国家和地区国民经济发展水平和工业化程度的指标。技术密集型产业被很多国家和区域作为经济发展的关键引擎，主要是指在生产过程中技术、智力等要素较之劳动、资本等生产要素依赖较高的产业。技术密集型产业通常包括电子信息和新型光电产业、生物医药产业、航空产业、新能源产业、新材料产业等。目前以电子信息和新型光电产业为代表的技术密集型产业日益成为很多发达国家带动经济增长的主导产业。可以说，技术密集型产业的发展水平决定着一个国家或区域的经济增长的动力与前景。

从劳动对象进行加工的顺序来看，可将国民经济部门中产业结构划分为三次产业：第一产业包括农业、林业、牧业和渔业四个大类；第二产业包括工业和建筑业两个门类和三十六个大类；第三产业即服务业，也即除第一、第二产业以外的其他各业。伴随着生产力的快速发展，一部分劳动密集型产业必将逐渐发展为技术密集型产业，产业结构的整体布局将朝向"三、二、一"的趋势发展。

（四）专业结构与产业结构之间的关联性

高职院校作为技术技能型人才培养基地，其专业结构与区域内产业结构存在着相互依存的关系，专业是高校人才培养的载体，产业的发展变化带动社会对专业性人才需求的增长，从而使人才供给与人才需求尽量保持相互平衡。专业结构和产业结构是高职教育结构和经济结构的重要组成部分。

产业结构决定高职教育的专业结构。随着社会经济的发展、人均国民收入的增加，劳动力会逐步由第一产业向第二产业再到第三产业转移。随着产业结构高级化进程的加快，以往的技术结构和就业结构必然发生改变。在转变过程中，对人才的素质和技能的要求也不断提高，同时也需要多层次的专业结构影响带动产业发展所需要的科技、管理、实践人才，这些层次、素质、技能各不相同的人才大多是由作为高等教育机构主体的高校来培养的。高职教育作为培养专门技术、技能型人才的机构，其培养人才的结构、规格、规模等都与产业结构相吻合，这样才能有效地为国民经济各个部门培养和输送数量、质量、结构和层次相当的各类技术、技能人才，从而促进社会经济快速发展。因此，有什么样的产业结构，就应该有与之相适应的学科专业结构。例如，新中国成立之初，为实现农业现代化，我国先后建立了多所高等农业院校、多所农业大专院校、多所农业中专学校,形成了世界上最大的农业教育系统。但随着产业结构的优化升级,农业在国民经济中的比重逐步下降,这就要求高等教育适时缩减农业类大专院校的比例,及时对以农业为主的科类结构、专业结构和人才培养模式做出调整,及时根据产业结构的变动,构建合理的高等教育学科专业结构,为国民经济各部门的发展输送质量合格,数量及层次、种类相当的劳动力。20世纪90年代以后,随着第二产业、第三产业产值比重的逐步提高,第一产业产值比重的逐步下降,我国的高等教育也进行了新一轮的院系调整,大量的农科院校被合并撤销,农科类专业大幅减少。由此可见,高职院校专业结构需要根据产业结构的变化及时进行相应的调整。

专业结构的优化可促进产业结构升级。教育影响经济发展,高职教育专业结构直接影响着人才结构,并作用于经济结构。人才保持合理的结构是现代化生产的客观要求。高职院校专业结构制约着人才的种类和岗位类型的形成,专业结构失调会直接影响人才的专业和岗位的对口。产业结构的变化取决于人才的类型和水平,而人才结构的变化和人才素质的提高只能通过发展教育,调整学校专业结构来实现。合理的专业结构可以为适应这些转变提供技术支持和智力保障。

高职院校专业结构与区域产业结构之间是相互制约、相互影响的。教育结构应主动与经济结构相适应,合理的专业结构对产业结构的优化有着巨大的促进作用。人才培养的滞后性要求我们科学预测人才的需求结构,为专业结构调整提供现实依据。教育结构与经济结构作为社会大系统中的子系统,两者之间的适应性是相对的,没有固定不变的模式。人才供给与社会经济发展与人才的需求之间是一种动态的平衡,因此,要积极主动地进行专业结构的改革调整,使之与产业结构的变化相适应。

二、供给侧改革背景下高职教育专业设置及建设存在的主要问题

尽管我国高职教育专业建设与经济社会发展的要求和学生发展需求日益贴近,但专业结构不合理的矛盾还比较突出,从深层次因素着眼,推进专业建设结构性改革刻不容缓。

(一) 专业供给侧与劳动力市场需求侧不匹配

高职教育的办学宗旨是最大限度地满足劳动力市场的需求。但是,当前高职教育专业建设存在的明显弊病,恰恰是与社会需求脱离,主要表现在以下几个方面。首先,高职院校在设置专业时,缺乏对社会需求的调研,未能真正了解行业企业的需求。设置一个专业之初应当全面分析专业市场需求,深入研究高职院校的专业基本条件,综合规划学院的服务面向与专业群发展,掌握该专业的地区和学校分布,因为职业教育的吸引力更多是来自行业企业的吸引力,行业企业对职业教育的需求决定着最终需求[32]。因此,"有限的学科专业在高校的设立不应当是简单的叠加,不应当是'拍脑袋'的产物,设立学科专业有其必须遵循的逻辑,其目标指向就是质量。"[33]但部分高职院校在设置专业时"拍脑袋",有什么专业的老师就申报什么专业,甚至不顾自身基础条件强行开设一些培养成本低或所谓的热门专业,缺乏对市场需求的调查、分析。其次,高职院校没有找准专业主要服务对象,如行业企业的发展趋势、技术需求、人才缺口、规模、主营业务、岗位设置、主要岗位的典型工作任务及对人才的知识、能力与素质要求等,在教学内容的选择和处理上,没有强化行业技术技能和应用训练[34]。课程设置与岗位工作过程脱节,教学环境与职场环境脱离,创新性缺乏,专业的人才培养计划、课程体系、实践教学固守原有基础,不愿意进行调整或调整力度不大,供给端的教育资源和教育环境质量、效率不高,使毕业生难以满足用人单位的实际需求。

(二) 专业供给侧与产业转型升级需求侧脱节

整体而言,我国职业教育专业结构与产业结构的调整和变化方向大致是相同的,也基本随着产业结构的变化而变化[35]。但由于劳动力市场与职业院校的信息不对称性,市场调节劳动力供求的时间迟滞,职业院校专业建设不能根据产业结构升级做出有效的动态调整。部分高职院校还不能顺应市场变化,不能按照产业发展需求与变化及时调整或设立专业,造成专业结构不能适应产业结构,人才供给同质化倾向严重。有的专业即使已不适应社会形势的发展要求,也仍然在开设。在专业教学中,专业人才培养方案滞后于产业发展实际。诸如此类的问题,导致"问题"专业存在。为此,我们需要明确一点,即产业始终在不断发展与升级,对人才规格、结构和质量也将提出更高的要求。当前国家推出的"一带一路""中国制造2025""去产能""去杠杆"等一系列重大决策,对我国区域经济发展和产业结构转型升级将产生重大影响。一方面,落后的产业和企业将被淘汰,员工需面对再就业的问题;另一方面,一批新兴产业应时而起,新工种、新职业对新型人才的需求将出现爆发式增长。人才供给或陷入"传统人才供给过剩,新型技术人才供给不足"的结构性困境,高职教育人才培养也将面临一系列的挑战[36]。

(三) 专业供给侧与学生发展需求侧不适应

尊重学生的选择权是教育改革的重要目标。国际教育发展委员会曾建议:"应使学习者成为教育活动的中心;随着他的成熟程度允许他有越来越大的自由;由他自己决定他要学习什么,他要如何学习以及在什么地方学习与受训。这应成为一条原则。"[37]沿着这种教育教学规律,高职院校要充分保障和不断完善学生的专业选择权，为学生提供科学合理的专业选择。但现实情况是，我国的一些高职院校从招生开始，专业选择的主动权就基本在学校，在一定程度上是学校将学生划入各个专业，学生的专业选择权被悬空和搁置。学生进入院校就读后，由于学校对申请转专业的条件、程序等有较严格的规定，加上后续管理及配套制度不完善，缺乏柔性管理和人文关怀，尊重学生的意愿和发展往往难以落实。另外，单一的专业人才培养模式难以满足学生多样化、个性化的需求。《国务院关于深化考试招生制度改革的实施意见》（国发〔2014〕35号）指出，"加快推进高职院校分类考试，高职院校考试招生与普通高校相对分开""2017年分类考试招生人数成为主渠道"。高职生源日益多元化，学生的入学年龄、知识构成、教育背景、成长经历、学习需求等都存在较大的个体差异，这对学校管理提出一系列新要求，特别是如何开发多样化的人才培养模式、实施差异化的人才培养方案，以满足学生的多样化、个性化需求，将是每一所高职院校需要面对的迫切问题。按照一种模式、一种要求来培养人才的观念已经严重滞后于教育改革的现实。

（四）专业动态建设的责权分配错位

根据《国家中长期教育改革和发展规划纲要（2010—2020年）》和《深化教育体制工作改革重点》等文件，可以发现"调整高等教育学科专业目录，改革专业设置管理办法，建立适应经济社会发展需要的专业设置动态调整机制"是10年内教育改革领域中的重点工作[38]。然而，高职院校根据学校发展实际，经过市场预测、调研分析后，确定申报新专业时仍需要经过较为复杂的程序逐级上报，并且需要等待上级部门的审批，即所谓的高职院校专业设置自主权只是表现在专业建设调研、申报的自主权，并没有实现充分的自主，学校扮演的是"市场调研者"与"受批承担者"角色，仍然处于较为被动的地位。并且，决策部门难以全面把握不同专业服务的区域经济发展、产业发展差异与承办部门对申报计划所耗费的人力、物力、财力，这就导致了在专业动态机制建设方面的责权分配错位，在某种程度上影响了学校的实际办学成果与效率，使学校无法自主、灵活、有效地构建相应的动态机制。

（五）专业动态机制建设的有效供给失位

专业动态机制的建设是一项复杂的系统工程，包括新专业的设置、旧专业的更新与修订，涉及人、财、物、环境等多种资源。专业动态机制对相关的制度安排，相应的师资队伍、实训条件及其他资源的分配需求，与目前许多高职院校的制度缺失、专业建设团队难以满足实际需求、实习实训硬件设施以及其他环境配套等的供给之间表现出的矛盾，势必会带来一系列问题。如果不能及时更新专业建设团队，便难以准确把握专业结构与产业发展结构之间的吻合度与发展前景；

对专业之间存在的壁垒不够清晰，难以把握其整合的尺度等，从而造成专业动态机制建设困难重重。同时，学校以及相关部门如果没有科学的专业动态机制建设实施管理办法，也很难有效地推进这一工作。因此，就目前实际情况来说，能够真正促进学校专业动态机制建设的有效供给是失位的。

（六）专业结构趋同与错位，专业建设缺乏特色

从总体来看，当前我国高职院校现有专业结构仍然存在不少薄弱环节，专业体系重塑及专业群建设的任务依然十分繁重。首先，通用性较强的专业设置比重过大，新设生产技术应用类专业偏少，与支柱产业和新兴产业相关联的专业设置存在"盲点"。高职院校中较为普遍地存在主体专业不突出、专业之间关联度低、专业设置稳定性差、投资效益不佳等现象。其次，专业结构与区域产业结构存在错位现象[39]，主要表现在专业结构与产业结构错位、课程结构与产业技能结构错位、产业集群区域分布与高职教育专业布点错位等。再次，专业总体布局主要遵从行政指令和学科体系，呈现出"单一结构"形态，缺乏个性和特色，在专业群建设上贪大求全问题也较为突出，同类高职院校专业群建设路径高度同质化，而且行业企业参与建设的积极性和深入度也不高。"单一结构"形态的专业体系在组织架构上却又分属于不同的、相对"自治"的独立院系，产生一定程度的"组织壁垒"，导致专业之间"箱格化"现象明显，彼此之间缺乏深度合作与支撑、跨界与交融。最后，专业设置与产业链或职业岗位群的关联度较低，两者之间存在着较大供需疏离与鸿沟[40]。专业建设资源分配欠均衡，导致主体与核心专业投入不足，无法形成品牌优势和集聚效应。

第二节　供给侧改革与高职教育专业优化调整

一、供给侧结构性改革对高职教育专业结构提出的新要求

从高等职业教育的主管单位来说，供给侧结构性改革对高等职业教育提出的要求主要体现在政府对高等职业教育的治理层面，包括制度、体制、机制的供给，各专业招生规模的审核、经费的投入及相关权益的分配等要素；从高等职业教育的承办者来说，主要体现在职业院校的人才培养、专业建设、师资队伍等要素；除此之外，还包括行业、企业及社会团体等利益相关方同政府、高职院校之间在人才培养、专业建设、经费供给等方面的协作。高等职业教育专业要素是联系政府、高职院校及行业、企业等高等职业教育相关方的重要纽带。经济产业的变革对高等职业教育最突出的影响体现在专业层面。专业建设作为高等职业教育人才培养的关键环节，直接关系到学生的就业、高职院校的招生及经济社会的发

展。在供给侧结构性改革的背景下，中国政府提出了"互联网＋""中国制造2025"等国家战略，旨在通过先进的信息技术推动以智能制造为中心的工业现代化发展。这就催生出很多新的行业与职业，需要大量与工业现代化岗位设置相匹配的技术技能型人才，高职教育专业结构必须前瞻性地满足经济产业结构转型发展的迫切需要，输出的劳动力资源才能够有效支撑经济社会的发展；反之，则会降低高等职业教育自身发展的动力，并阻碍产业结构的调整和发展。而目前我国高等职业教育突出的问题就是专业结构无法适应传统产业结构转型升级的需要，无法适应战略性新兴产业的发展需要。以上问题从根本上说就是专业结构的旧供给与产业结构的新需求之间的问题。这就要求高职教育专业结构做出相应的优化与调整。

首先，要破除"专业"与"产业"的二元分立，使专业结构与产业结构相适应。当前，仍有相当一部分的高职院校不重视专业结构与产业结构的适应性，随意扩张各专业的规模，片面追求专业的大而全，忽视专业建设的内涵式发展。一些高职院校尤其热衷于开设那些规模效应比较明显、专业设置门槛比较低、同质化程度严重的"大众化"专业，导致高职院校专业特色不明显，发展受限，培养的学生也找不到合适的工作，造成结构性失业。

其次，各高职院校在打造适应政策导向、行业所需专业的同时应因地制宜，实施错位发展的战略。因为热门的专业容易形成跟风现象，造成竞争激烈，不利于专业的可持续发展。而立足职业院校所在区域经济社会发展的需求，开设与之匹配的专业，则可避免陷入恶性竞争，能够与当地企业、行业良性互动，群策群力把专业做大做强。

最后，供给侧结构性改革要求高等职业教育专业形成稳定的动态评估与调整机制。对那些符合政策导向、契合产业发展需要的专业做好加法，对那些不契合区域经济发展、同质化严重、专业品牌效应不明显、就业率低、规模效应不明显的专业则应果断淘汰。在供给侧结构性改革的背景下，高职教育专业供给应提高质量与效率，注重专业设置的科学性、专业设置与战略性新兴产业的契合度及专业结构面向产业结构的适应性等方面。只有这样，高等职业教育才能够持续健康发展，才能够匹配区域经济社会的发展。

二、供给侧改革背景下高职教育专业结构设置调整应正确处理的关系

高等职业教育相对普通本科教育而言是一种与市场联系更为紧密的办学类型，如生源、资金、就业等方面均需通过主动参与市场竞争来获得。如果普通本科院校是以学科建设来积聚教育资源的话，那么高职院校就必须凭借专业结构设置和布局来统筹教育资源。高职教育专业结构设置必须正确处理好稳定性与灵活

性、竞争性与合作性、通用性与特色性、适时性与前瞻性、集群性与分散性、普适性与针对性等关系才能在市场竞争中谋求更好的生存与发展。

(一) 稳定性与灵活性的关系

高等职业教育领域稳定性与灵活性的矛盾主要是指专业设置中社会需求的匹配与教育资源效益间的矛盾。伴随着信息化的日益加深，产业结构也加快了迭代的脚步，新的行业和职业不断涌现，旧的行业和职业逐渐消亡，高职教育专业的设置必须具备相当的灵活性，才能在竞争中建立优势。然而专业的建设是需要沉淀的事业，"双师型"教师的知识、技能及其所承载的教学体系在短时间内是很难改变的。同时，新旧专业的迭代亦会造成新旧设备的升级换代，造成极大的经济损失。从此角度来讲，高等职业教育的专业设置又要兼顾稳定性。面对稳定性与灵活性的矛盾应以适应性为宗旨，坚持"变中求稳"的战略。首先，注重对产业、行业的趋势分析和预测。当一个产业处于发展阶段之时，那么人才需求必然有一个长期增长的过程。其次，加强专业结构体系的自我提升。科学技术的革命导致产业的深度迭代，从而对高等职业教育供给的人才提出新的要求，针对这种层次上的要求，对原有专业的知识和能力进行适应性更新即可。最后，加强专业研发体系建设。基于产业领域产品研发的规律，高职教育专业的建设与发展也应构建"招生专业、试招专业、研发专业"的梯次，以应对不断更新的人才需求。

(二) 竞争性与合作性的关系

竞争性与合作性的关系主要是指承办高等职业教育的教育机构间的竞争合作关系。目前，开办高职专业的院校主要有普通本科院校和独立设置的高职院校两类，优胜劣汰的自然法则决定着这两类院校的关系。积极的影响主要体现在以下两个方面。第一，促使专业结构与社会需求良性互动。院校必须紧跟市场需求，注重专业设置的灵活性与实用性，才能保证专业的生存与发展。第二，提升专业设置的质量。院校必须注重专业建设的质量、特色，促进专业资源的合理流动和有效使用，才能提升专业设置的总体质量。消极的影响主要体现在以下三个方面。第一，院校间的无序竞争导致专业供给与需求脱节。各院校为了提高专业吸引力，一味地增设热门专业，不顾自身条件与社会实际，导致专业设置大而全，造成毕业生结构性失业。第二，院校间的恶性竞争导致专业设置质量降低。大而全的专业设置不利于特色专业和骨干专业的成长，亦会使办学条件薄弱的院校从师资、投入、教材、教法等方面压缩成本，严重影响专业质量。第三，导致恶性竞争的专业设置机制。在专业设置信息不对称的今天，院校间为争夺生源，必定会将大笔资金投入外在的宣传及固定设备上面，忽略专业的内涵式成长。

(三) 通用性与特色性的关系

目前，开设高职专业的院校不同程度存在着专业设置同质化程度过高的问题，缺乏调研的跟风造成热门专业遍地开花、特色专业踪迹难寻的窘境。怎样去考量某一院校究竟开设多少通用性专业与特色性专业呢？一般来说，通用性专业的设置主要应面向院校所在地那些需求量大，且比较稳定的行业，以谋求通用性的专业结构与区域产业结构的协同。而特色专业则应谋求省域乃至国外更大的市场。在当前特色专业普遍缺少的境遇下，省级主管部门应基于区域产业的特点，侧重特色专业的建设，从而促进区域高等职业教育从规模的扩张转向质量、内涵提升。

（四）适时性与前瞻性的关系

专业设置的适时性与前瞻性的提出主要是基于人才培养、专业设置及产业结构升级的三个周期关系。人才的培养一般需要3年左右，而专业的申报、审批到设置需要2年左右，因此专业的设置与产业结构间存在5年左右的时间差。为了使培养的人才能适应经济社会的发展，专业结构的设置必须具备前瞻性的战略眼光。然而，如果前瞻性的预测和实际情况的发展有偏差则会造成毕业生就业难的问题。目前，可操作性的方法有按照职业岗位群来设置专业、按大类招生等方式来规避前瞻性的预测中带来的偏差。

（五）集群性与分散性的关系

高等职业教育中集群性与分散性的关系主要是处理好专业的建设与学生成长之间的关系。专业集群化是反映专业结构间内在联系的范畴。它以服务产业（链）为目标，根据产业（链）对人才需求的结构性分析，明晰专业（群）的体系。专业的集群性能够提高生产要素与资源配置的效率、为企业提供全方位的人才梯队、为产学研奠定基础、提高院校的专业品牌知名度及学生的竞争优势。然而，专业的集群性可能会因产业的衰退而导致院校的"转产"，而且从专业结构设置的增量上来说，其发展的空间是有极限的。针对专业的集群性与分散性的矛盾，可以通过集群性下的分散性来解决，即专业集群的多元和分散，亦可理解为把一个集群分散为多个集群。

（六）普适性与针对性的关系

普适性与针对性的关系主要是指高等职业教育专业设置要处理好口径的宽窄，宽口径有以下三方面优势：第一，能够充分利用教学设备、师资等教学资源，从而降低教学成本；第二，使用相近或相同教学文件的相关专业教师队伍基数大，有利于专业及专业群的建设，亦能提高教学质量和教师的科研水平；第三，专业设置的宽口径能够开阔学生的专业视野，提高就业率和转岗的适应性。然而，宽口径的专业设置存在专业知识不够深入、针对性不强等问题。专业的宽窄应取决于岗位的需求，对于那些社会需求量大的岗位，设置窄口径比较适合；而对于那些不太稳定的职业岗位，设置宽口径更为适宜。

第三节 发达国家高职教育专业结构调整经验与借鉴

德国、美国、澳大利亚、新加坡、日本等发达国家在漫长的历史进程中，依据本国政治经济制度、经济发展水平、历史文化传统、教育体制等因素，不断探索调整，形成了契合本地情况的各具特色的职业教育专业发展模式，其职业教育专业发展模式也推动本国产业结构升级、经济社会快速发展。借鉴总结这些国家职业教育专业建设跟随产业结构发展实现科学动态调整的典型经验，能为我国供给侧改革背景下高等职业教育专业结构调整策略提供参考。

一、高职教育专业调整优化的主要经验

（一）专业设置调整

专业设置被认为是"决定一所高等职业学校专业结构的基本因素"。职业教育发达国家专业设置大多数以市场为导向，以职业岗位和职业群为依据。一般来说，职业分类都有国家标准，并且这些国家的职业分类都比专业分类要精细，职业变化周期比专业变化周期要长。产业结构发展催生职业结构变化及新职业产生，职业岗位的分类归根到底是以当地产业结构特点为依据的。进入21世纪，随着经济社会的发展变化，经济结构和产业结构调整加速，职业岗位（群）在不停地发生变化，与之对应的专业内涵变化周期进一步缩短，专业要与职业岗位实现适时对应越发困难。在这样的形势下，为保证职业教育与地区经济发展的匹配度，各国高等职业教育在进行专业开发设置时，都会对社会经济发展与产业结构的变化进行调查、预测和科学论证，力求始终保持专业开发设置与地区经济发展、产业调整的步伐相统一，甚至凸显前瞻性。

如德国的培训职业。德国职业教育世界闻名，"双元制"职业教育模式是德国高等职业教育的主流培训形式。其办学主体为学校与企业双方，以企业培养、实践培训为主。德国职业教育专业设置，以德国社会的职业分工为导向，以国家颁布的培训职业为依据，确保培养出能够适应德国经济和社会不断发展变化的职业技术人才。可以说，德国职业教育的专业即为培训职业。这就实现了专业和职业的高度对应性。由于培训职业要依法谨遵培训条例开展工作，因此其专业设置的科学性从根本上取决于培训条例的制定。培训条例从法律层面明确了"双元制"的人才培养目标和培训内容，有力保障了"双元制"教育模式下培养出大量紧密适应经济社会发展的技能人才。

又如澳大利亚的培训包。二战后，澳大利亚高等职业教育实现飞速发展，尤其是TAFE学院在职业教育与培训领域取得了举世瞩目的成就。在政府、行业企

业、学校的共同作用下，TAFE学院已形成一套规范严谨的课程设置流程。TAFE学院没有"专业"一词，"课程"即指多个相关科目的组合，与我们所说的专业有一定的相通性。课程设置的指导思想是市场需求和产业结构的调整。课程以国家培训局批准颁布的培训包为开发依据。需要强调的是，澳大利亚职业教育开发课程，首先会组织由政府官员、行业企业专家、教师等各方组成的开发小组，依据培训包规定编写课程教学文件。TAFE学院课程开发过程中，政府、行业都起到了至关重要的作用，课程开发过程绝不仅仅是学校的事情，而是上升到国家层面、州层面、行业层面的高度，在这样的基础上，保证了课程开发的科学性、合理性、适时性，培养出来的技能人才紧密契合经济发展和产业机构调整需求。

再如新加坡自下而上的专业开发。新加坡经济的高速发展得益于其对职业教育的重视，现已基本形成适应经济发展、面向工商企业需要的现代职业教育体系。新加坡高职教育专业设置主要是根据产业结构变化、区域经济发展和行业企业生产的要求，由市场技术和人才的现实需求为依据来设计开发的。培训大纲、教学内容、课程标准等严格依据产业行业岗位技术要求，由政府教育机构、培训中心、企业等各方共同制定。高职院校专业设置都注重创新、特色、错位发展，形成了各自的发展品牌。

(二) 专业建设口径

二战结束以后，随着产业结构、经济结构不断调整优化，社会发展水平不断提升，为满足社会需求和个人成长需要，世界高职教育专业课程设置上呈现出了专业倾向和普适倾向的博弈。从时间顺序上来说，高职教育专业课程设置大致经历了由学科式的普适课程到强化针对性的专业课程，再到强调迁移能力的专业课程。直到今天，由于知识经济、网络时代、学习化社会等的影响，市场对人才的需求转变以及个人终身学习的需求，各国的高职课程又开始由专业性朝普适性方向发展。此时的普适性更强调对继续学习能力的培养，强调对个人职业生涯发展的帮助。

当前各国高职教育专业课程设置倾向着眼于学生的可持续发展和职业素质能力的塑造，强调终身教育理念，提出了"关键能力""核心能力""核心技能"等理论。这些理论一定程度上会拓宽专业口径，加强专业适应性。同时，各国也根据具体专业特点加强与专业针对性的有效结合，着力培养宽专多能的高素质技能人才。

德国在20世纪70年代最早提出"关键能力"的概念。关键能力指的是从事任何职业的劳动者都应该具备的基本能力，与专业技能和专业知识没有直接关系，对劳动者未来的发展起着关键性作用。教育要培养"为明天工作的人"，关键能力被提出以后引起了极大反响，并在职业教育领域得到了广泛应用。由于强调关键能力培养,德国职业技术教育特定的岗位技能培训正在让位于广泛的综合职业能力培训。德国高等专科学院分为基础学习和主体学习两个阶段,基础教育、专业教育及专长教育三个层面。首先,在基础学习阶段,要完成基础教育层面教学,德国把国家承认的培训职业分大类进行基础培训,不分具体专业。学生主要学习基础理论,开设的普通教育课程有德语、数学、英语、科学、历史、地理等,不开设专业教育课程。这一阶段历时3~4个学期。其次,主体学习阶段历时4~5个学期,主要进行专业教育和专长教育,学生可以依据各自的兴趣和能力选择专业方向以及专门化课程,进一步拓展加深专业知识。主体学习阶段还穿插两个实习学期,一次安排在主体学习中间阶段,可以使学生进一步巩固理论知识学习成果,学以致用,获得初步的职业感知和职业经验;另一次实习安排在最后一个学期,即我们常说的毕业设计或毕业实习,主要以实习企业中的真实课题作为研究课题,解决企业实际技术问题。这样,一方面极大促进了学生实践应用能力的发展,另一方面也使企业获得了良好的技术支持。

又如美国的"终身教育理念"。美国是典型的"三、二、一"产业结构形态,第三产业在国家经济中占绝对优势。美国强调终身教育理念,关注人的综合素质的培养提高,这也深度契合了第三产业的发展特点。美国职业教育课程设置主要采用职业群模式,先把性质相近的职业按照共同特征进行组合,形成职业群,分析从事该职业群共同需要具备的能力和知识,在此基础上,秉持职业生涯发展和终身教育的理念,构建职业教育课程体系。这种模式有利于学生掌握职业群体系下通用的基础知识和基本技能,在学习的过程中,进一步加强学生对职业的认识理解,明确未来的职业方向,科学规划职业生涯,也为进入某一特定职业继续学习做好了准备。

(三)专业师资建设

国外一般没有"双师"素质这样的提法,但是同样强调高职教师应具有专业理论知识和实践技能的复合素质。专业理论知识和实践技能是大多数发达国家高职教师培养和鉴定的两个重要因素,德国、美国、澳大利亚等职业教育发达国家,在教师资格标准、实践能力培养、兼职教师队伍建设等方面均积累了成熟的经验。

德国设有职业教育师范类专业,由理工类大学和综合型大学下设的专门职业教育院系承担职业教育类教师的培养任务。职教教师分成理论课教师和实习课教师两类。学生在大学阶段要选择两门专业(其中一门作为副修),通过国家考试。接着要进行为期两年的见习,在这两年中,学生三分之一的时间继续更高层次的理论学习,其余三分之二的时间全部是教学实习。见习期结束,学生参加国家考试。理论学习和实习的两次国家考试都通过者才能获得教师资格证书。德国职业师范教育要求是非常严格的，实习教学在整个师范教育中占有重要地位。德国职业院校高度重视教师的实践技能，通过多种形式加强教师实践技能培训。专职教师具备深厚的职业功底和高水平的业务素质，兼职教师在德国高等职业教育中的作用和力量更是功不可没。兼职教师来源主要是其他院校教师、行业企业管理人员、专业人员等，在德国高等职业院校中，兼职教师数量占据优势，一般多于专职教师，承担绝大多数实践技能类课程教学，是技能课教学的中坚力量。他们拥有深厚的专业知识、一流的操作水平、丰富的实践经验，能最大限度地将行业最前沿的技术、工艺传授给学生，将企业文化、管理理念渗透到教学中，真正实现教学内容与产业行业需求的无缝对接。

又如新加坡校企人员的自由流动。新加坡政府高度重视职业教育发展，特别注重引进高水平师资力量，其职业教育发展初期，政府从科研机构和行业企业中聘请技术人才加入师资队伍中，同时政府还积极促进校、行、研、企合作，这些都为新加坡的职业教育具备高水平、掌握前沿技术的师资队伍打开了一个良好的开端。目前新加坡高职院校选聘教师，对实践经验的要求放在首位，且要求严格，教师必须有相关岗位 3~5 年以上的工作经验，不仅实践能力突出，还要具备企业管理、技术研发等综合能力；学历一般要求本科及以上，还有品德素质、身体素质等其他方面的规定。新加坡职业教育非常重视和企业之间的联系，除了技术交流，人员交流也是一项重要举措。企业会定期安排管理人员、技术人员到职业学校任教。教师也会根据学校规定定期回企业"回炉"。完善的制度政策实现了校企对人才的资历、待遇等条件的互认，使双方人员流动畅通无阻。这些措施有力地强化了职业学校的实践教学能力。

(四) 专业衔接关系

专业之间的衔接，即专业人才培养模式是选择封闭式培养，还是选择开放式培养。随着产业结构不断优化调整、经济社会不断发展，终身教育理念被各个国家所认可。职业教育培养目标更加着眼于学生的可持续发展和未来职业生涯。这就要求职业教育要形成上下、左右贯通，不同层次、类型教育之间相互联系的整体，满足新时期社会发展需要，使职业教育为社会发展做出更加突出的贡献。美国、澳大利亚等国家较为完善的职业教育专业衔接体系，给我们提供了值得借鉴的经验。

澳大利亚建立资格框架，意味着终身学习与培训的教育体系的确立。该资格框架，以证书、课程和学分为载体，实现了中学教育、职业教育与高等教育的有效衔接。首先，其实现了职业教育和普通教育的衔接融通。学分互认政策在职业和普通教育融通中发挥了重要的作用。在不同的教育系统中以学分作为统一置换标准，实现了同等级学习成果的互认，为学习者更加自由地选择学习方向提供了制度保障。其次，其形成了职业教育终身教育体系。该框架有一个非常突出的特点，即对学习者先前学习的认可。先前的学习积累都可转换为相应的学分或资格，在以后更高一级的证书学习中同样被认可。这意味着每个学习者任何阶段的学习成果都能够得到认可，都是未来学习的台阶和资本，极大提高了学习者的学习动力。学习者可以通过正确的自我评价，进行合理规划，逐步达到既定目标。

美国职业教育体系最大的特征就是开放性，没有专门的职业教育院校，实现了普通和职业教育高度融合的职业教育体系。美国终身教育理念贯穿职业教育的各个阶段，职业教育培养的重点在于使学生具备终身职业发展能力。美国职业教育的职业群模式，便是贯穿学习者的整个职业学习生涯的有效平台。该模式横向上实现了各类教育的有效融合和连通，一方面强化了职业教育人才培养的基本综合能力，为学生未来持续发展提供了基础；另一方面普通教育和职业教育自主转换，为学生发展提供了更多路径和机会。该模式纵向上实现了职业教育体系的贯通性，即从中小学一直到高等教育的职业课程体系，实现职业教育内容有效衔接，避免了资源浪费，同时组织架构上保障了职业教育的连续性和高层次学习。

（五）多元参与的专业结构调整机制

高职教育专业设置要实现随产业发展科学动态调整，必须要建立一套科学、合理、健全的调整机制作为保障。只有具备专业结构调整机制，才能真正推动职业教育专业结构的不断优化和完善，保证职业教育发展与经济发展、产业优化升级形成良性互动的局面。职业教育发达国家，如美国、德国、日本、新加坡、澳大利亚等国在产业结构调整发展的进程中，已基本形成市场、政府、行业、企业、职业院校等多方参与、多层次协作的专业结构调整机制，这其中存在很多的共性，同时也展现出了符合本国国情的典型特色。企业和市场对专业结构的调整更多是通过政府、中介机构和高职院校的机制来发挥影响作用的。

（六）科学完整的专业调整内部机制

国外高职院校在专业结构优化调整的过程中，政府、行业等外部因素起到了非常重要的指导、调控作用，但事物的发展归根结底还是由内因所决定的。职业院校要想提高人才供给质量，办出特色、水平，实现持续发展，还是需要学校来具体实施。要真正实现以产业为依托，适时调整专业结构，满足社会需求，高等职业院校内部也必须形成一套健全完善的调整机制。

以新加坡为例。首先，新加坡高职院校办学理念明确，办学特色鲜明。新加坡高职院校都是理工学院，主要是"培养与工商业需要相适应的专业技术人才"。这些学校在发展过程中都结合区域产业发展和学校实际，形成了明确的办学使命和鲜明的办学特色，所以即使这些学校的专业课程具有相近性，专业设置有小部分重叠，也并不影响其各自的办学优势，都实现了特色发展、可持续发展。其次，新加坡高职院校具备了完善的开放合作机制。新加坡高职院校积极与行业、企业、国外职业教育先进国家开展合作，教育理念先进，专业建设能紧密依托产业行业发展进行动态调整，不会造成学院专业建设与社会需求的脱节。引导和决定学校发展走向的董事会与专业咨询委员会，其成员都是来自政府和行业企业的资深管理者和一线专业人员，他们对社会、行业、企业的发展现状及需求有着深入全面的把握，这就为学校办学与社会需求深度契合提供了有力保障。学校注重加强与企业的沟通联系，并将其作为教师考核的重要内容。有无企业资源，有时甚至是教师应聘的必备条件。学校明确要求全体教师积极采取行动，拓展与企业的良好关系，为学校争取更多的有利资源。新加坡职业院校重视学习借鉴国外先进办学模式和经验，强力推行对外交流与合作。早在职业教育发展初期，新加坡政府就立足区域、面向国际，积极与职业教育发达国家的政府、学校及行业建立起良好的合作关系，通过培训学习、合作办学等多种方式吸收国外先进职业教育理念。经过创新发展，新加坡职业教育实现了快速发展。

二、发达国家职业教育专业结构调整优化的启示

（一）加强职业教育立法，使产业结构调整与社会经济发展形成良好互动

发达国家很多都形成了完善的职业教育法律体系，适应社会的发展变化，满足了产业结构调整和社会发展的需求，并能根据社会经济发展，不断修订和补充法律体系，具有很强的针对性和时效性。目前各国的职业教育立法都体现出终身教育理念，重视核心能力培养，推进职业教育终身化。与发达国家职业教育健全的法律体系相比，我国高等职业教育立法还有很大欠缺，特别是专业调整优化立法工作跟不上职业教育发展需求的步伐，职业教育立法的针对性、时效性和可操作性亟待加强。

（二）专业设置程序严谨规范

国外职业教育发达国家专业设置的依据虽具体表现形式不同，但其基本精神是一致的，即紧密依托产业结构调整、社会经济发展水平，具有明确的职业导向，对培训类型、培训时间、培训内容等做出明确规划。

（三）专业口径随社会经济发展而不断拓宽

当前发达国家的职业教育课程理念，虽然名称、界定不同，但对学生要具备的基本能力，如组织信息的能力、交流合作的能力等都是共通的，教育理念在本质上是一致的。从职业教育发展史来看，产业结构、经济发展水平会直接影响高等职业教育专业口径的大小，也反映出职业教育人才培养目标的变化，体现了职

业教育理念的发展。从总体趋势来看，各国都在逐渐拓宽专业口径，更加注重培养人的基本能力。同时专业口径拓宽，专业适应性增强，并不意味着忽略专业的针对性。在各国强调关键能力培养的同时，专业设置调整始终立足明确的职业导向，职业岗位合并成了大类，同时每个大类又根据具体职业特性划分了专业方向，这样就实现了专业适应性和针对性的有效统一。

（四）专业师资建设多元

发达国家职业教育教师准入资格一般都非常严格。注重实践经验，有明确的硬性指标；教师的实践经验、实践技能是作为一名职业院校教师的最重要资本。大量聘用兼职教师是国外职业院校师资的重要特色，兼职教师为各国的职业教育发展做出了卓越贡献。各国都十分重视加强在职教师的培训，使之了解最新的发展信息和技术变革，掌握最前沿的技术工艺，有效增强实践技能。

（五）职业教育专业有效衔接，职业和普通教育融合发展

首先，在各层次、各类型院校中建立有效的学分、职业资格证书与学历互通机制，是职业教育专业衔接的重要途径。其次，各职业教育发达国家和地区都重视纵向衔接、横向沟通的职业教育体系的构建，普职教育实现融合发展，职业教育实现高层次办学，为接受职业教育的学生提供了更多的发展路径，从体系上保证了学生可持续发展。最后，职业教育办学方式灵活多样，没有年龄限制，没有时间限制，没有地点限制，没有学习内容限制，学习者只要有需要就可以报名学习，或是提升自己，或是取得文凭，真正贯彻了终身教育理念。

第四节　高职教育专业供给侧改革路径

高职教育的供给侧改革应面向市场需求，把专业建设和结构优化作为提高人才供给质量的抓手和着力点，通过扩大高职教育的有效供给，激活社会总需求，促进市场需求和人才供给的良性互动。一方面要改变以往需求端对专业建设带来的弊端，实现需求端的转型；另一方面要提高专业动态建设的供给质量，增强专业动态机制建设的质量、效益与创新性。二者相互联动，保证供给的有效性、精准性与创新性。

一、以观念创新为先导，认清供给侧改革的重要意义

高职教育的供给侧改革，必须以观念创新来驱动。只有创新观念，才能敢想敢做、敢试敢闯。观念创新是推动高职教育整体创新的先导。具体而言，在当前供给侧改革持续深入的背景下，高职教育必须在供给侧改革中发挥其应有的功

能，做到不缺位、不错位。推进高职教育供给侧改革的前提在于使广大职业院校具备供给侧改革的思维方式，着力从供给端思考，树立供给侧结构性改革的理念意识。

高职院校要培养供给意识。高职教育要改进教育供给端的质量，提高教育供给端的创新性，使其更贴近学生的需求，做到既符合学生的个性特点，又面向未来社会需求。在专业设置和调整过程中，不仅要立足眼前的行业企业市场需求，更要深入研究劳动力市场的发展方向及走势，做出科学预测和战略研判，并以此为基础，改进学生培育方式、课程设置、考试评价、就业指导等环节。同时，要尊重学生爱好，关注学生的实际获得，通过有效、精准、创新的供给，办人民满意的高职教育。

高职院校要培养环境意识。在专业调整优化的进程中，高职院校要积极改善和优化自身发展环境。作为与市场最为接近的教育类型，职业院校要积极推动政府减少行政干预，加强"制度供给"，确保自身办学主体地位；探索企业和学校深度共建专业，通过双方合作投入、学费分成、专利共享、风险共担等方式，构建利益分享机制。

高职院校要培养行动意识。国家出台的一系列政策文件，如《中国制造2025》《制造业人才发展规划指南》等，更进一步要求各高职院校要把政策文件精神转化为高职教育供给侧改革的行动，切实将其融入"双创"和"中国制造2025"的实践中，加快培育大批具有专业技能和工匠精神的高素质劳动者，确保人才的有效供给。

二、明确专业动态建设的思路，保证专业建设方向的精准化

理念是实践的先导，要提升专业动态建设的精准化程度，必须树立为促进学生的可持续发展、为区域经济发展以及所面向的行业企业提供优质服务的根本理念。教育供给侧改革指引我们在这一理念的指导下，合理优化配置校内的各种硬、软件资源，满足需求端的质量。目标是理念的升华与实践的走向。加强专业动态建设的最终目标是要满足学生、学校、行业企业可持续发展的需要。专业动态建设的核心是要具备可持续改进与优化的功能，要使政、校、企相关部门的顶层设计、专业建设团队的人员构成以及知识更新、建设场所等其他条件都具备这一功能，以动态供给保证专业机制建设，进行渐进式调整。专业建设必须引进评价机制，评价主体除了与此紧密相关的政府、行业企业、学校外，还应积极引入有资质的社会第三方评价机制，以提升专业建设的科学性与可操作性[41]。

高职教育的内外部环境发生巨大的变化，高职专业建设与调整工作也应当与时俱进，主动做好四大转变。一是树立面向市场经济办学的思想。市场需求是高职专业设置的基础,应当根据市场需求变化进行专业调整。二是树立"质""量"均衡发展的思想。既要重视高职专业数量的增加,也要重视高职专业质量、特色、效益和结构的协调发展。三是树立实事求是的思想。要根据实际办学条件设置高职专业,切勿盲目设置专业,贪多求全。四是树立主动竞争的思想。高职专业应当积极应对各种挑战与竞争,在挑战中求进步,在竞争中求发展。

三、以产业升级为驱动,促进学科专业调整与产业发展同步

针对劳动力市场上的传统人才过剩、新型技术人才供给不足的结构性困局,高职教育应主动适应国家产业转型升级的趋势,增强服务发展支撑力,以产业升级为驱动,促进学科专业调整与产业发展同步。

首先,要削减低端无效供给,取消部分不良专业,化解供给过剩、供给老化的难题。高职院校要有"壮士断腕"的决心和勇气,压缩、淘汰设置布点多、同质化问题突出、招生困难、就业形势严峻的"问题"专业,直接暂停或取消人才培养与产业发展需求脱节的劣势专业,保障学生、家长及相关利益者的权利。

其次,要培育与新产业、新工种、新职业相吻合的新专业。高职院校要因地制宜、因时制宜,主动融入地方经济社会发展,以地方发展定位为需求导向,加强对国家战略新兴产业发展、传统产业改造升级、社会建设和公共服务领域改善民生急需的专业建设[42]。高职院校应积极发展和创造条件增加与新一代信息技术、智能制造装备、生物医药、环保节能、新材料新能源、航空产业等战略性新兴产业相适应的新专业,把新型技术人才培养放在专业供给侧改革的重要位置。

最后,要加强优质供给,重点建设优势专业,彰显专业特色。特色专业往往与行业密切相关,如陶瓷、光伏、纺织、家具、家电等。高职院校要强化校企合作,引入行业企业参与指导专业建设,将企业生产过程中的数字化智能化技术应用、自动化生产线改造等内容融入教学过程,改革实践实训教学环节和课程,优化学生的知识、能力、素质结构,连接人才供给链与经济产业链。此外,还要依托物联网、大数据、传感器、智能控制系统等技术,研究发展智能终端、可穿戴设备、服务机器人、智能家电、智能家居等智能产品,实现教学与产业结合,课程设置与产业需求对接。

四、以体制创新为支撑,精准对接行业企业人才需求

通过机制创新,产生供给侧改革的新动力,努力满足行业企业、学生、家长等不同群体的多样性需求,提高高职教育的供给效率。

（一）改变政府对高职教育专业管理的方式

目前我国的高职院校专业调整更多的是一种以教育主管部门为主导的"目录式管理"。学校在专业的设置与调整方面话语权较弱，更多地受限于行政权力。实际上，由于高职院校招生竞争激烈，部分实力突出、有知名度和影响力的专业在竞争中处于明显的主动地位，高职院校有能力调整优化专业。我国教育行政部门有必要借鉴美国等发达国家的专业调整模式，改革高等教育管理制度，放开对专业动态调整的直接行政干预。允许条件成熟的院校在一定领域内试点自主设置专业，特别是在沿海经济发达地区，产业发展更快，技术更新周期更短，跨界产业、新兴产业及其相关的交叉产业不断涌现，这就要求高校对市场必须快速反应。

（二）强化高职院校主体意识

高职院校应是优化专业结构的主要推动力量，但在目前的专业管理体制下，大部分高职院校都是根据教育主管部门的行政指令来执行，对专业结构优化调整的主动性和主体意识有待加强。从高职院校自身来看，专业调整需要师资、实训仪器设备、场所等的保障，其中，师资的培养、实训场地、教学条件的建设都不是一个一蹴而就的过程，需要巨大的经济投入和准确的规划方能实现。因此，在进行专业设置、调整、优化时，必须广泛开展专业调研，分析本区域相同或相近专业的布点情况，找准专业主要服务面向，以建立专业课程管理为核心的专业体制，提升课程开发能力，对不同生源实行不同的人才培养方案，做到因材施教。各高职院校的每个专业都应突出自身特色，打造亮点，把"以专业为中心建设课程"转变为"以课程为中心组合专业"，加强专业结构调整优化的自发性和自主性。

（三）重视社会力量的作用

在高职教育专业管理中，仅靠政府和高职院校的努力是不够的。专业建设与管理是一项长期而复杂的系统工程，必须调动市场及其他社会组织的力量，形成一股合力。如果社会力量缺位，势必导致政府、高职院校、行业企业、社会中介组织、家长、学生之间的信息不对称。因此，社会力量在高职教育的专业优化调整中，应发挥其应有的作用。

首先，行业企业应主动将其制定的产业发展规划公开给高职院校，帮助学校从产业发展的角度改进各类教学仪器、实训设备、课程安排和教学内容，使培养目标与用人标准吻合、教学情境与职场环境贴近、考试内容与工作中的实际操作规范对接，提升学校的课程开发能力。在订单培养、项目式教学等校企合作方面，应在合同中规定双方拥有的权利及履行的义务，同时全方位参与监管，以避免企业利益受损。其次，社会中介组织应承担其信息发布的重要作用。信息发布的对象除了政府、高职院校外，还应覆盖社会大众、新闻媒体，尤其是学生、家长群体，使学生和家长能了解高职院校的专业建设现状，做出专业选择的正确决策，并帮助不同类型的群体及时、方便、准确地获得有效信息。

五、建立多元化的供给侧，促进专业动态机制建设的生态发展

专业动态机制建设，最核心的一方面就是要提高供给端的质量、效率和创新性，保证其有效与精准供给；另一方面是要丰富专业建设动态机制的结构，突破原有的专业建设的弊端。专业动态机制建设供给侧的多元化有利于避免一味践行官方指令的弊端，良好的专业建设生态才能真正满足学校、学生、教师的可持续发展[43]。

制度供给上要充分发挥政校企协同作用，做好专业动态机制建设的顶层设计。一直以来，高职院校的专业动态调整鲜有成文的内容，如果职业院校涉及专业的调整、修订、新增或是取消，一般是基于国家专业目录的调整，或者是基于人事部门出台的相应资格证书的调整，或者是因为学校生源发展的需要等，很少有专业动态机制调整的专门制度性规定。为区域经济发展、行业企业发展提供人才服务的职业教育，迫切需要充分整合政府、学校、行业企业的资源，尽快出台适合学校发展的专业建设条例，明确专业动态调整机制在这一条例中的重要性及指导性，包括成员的构成，专业动态调整的内容、周期、注意事项、考核与评估办法等一些基本内容，以便为不同专业的动态调整机制建设提供参考与指导。要充分发挥政校企各方的协同功能，从制度层面保证专业动态机制的建设在实际操作过程中有章可循、有据可依。

队伍供给上要打造专业建设人才智库，做好专业动态机制建设的"终端匹配"。专业动态调整机制的建设涉及新专业的设置、旧专业的修订，甚至是取消，这一过程必然会影响专业重点的变化，它是一项对知识与专业能力水平要求很高的工程，对专业建设团队具有一定的挑战性。

要科学合理地做好专业动态机制建设，一方面，要求专业建设团队本身乐于学习，及时更新自身的知识与技能水平，这就要求师资队伍的知识、技能的更新必须要具备超前意识，提前预测自身专业所面向行业可能出现的新技术变革对人才需求带来的影响。另一方面，高职院校可打造专业建设人才智库，完善相应的激励机制建设，不断吸纳相应专业急需的高层次专业领军人才和教学骨干，积极支持教师参与行业企业急需的应用课题研究和技术研发，同时充分吸纳行业协会、专业学会的相关人员进入专业智库，优化智库的人才队伍结构，力争通过智库建设提高专业动态机制的建设水平，做好专业建设的"终端匹配"，提升人才

"供给"的质量。

社会资本供给上要充分发挥校友与其他社会力量的作用。校友以及社会力量都是提升学校知名度与影响力的一笔重要财富，因此，在专业动态机制建设过程中要充分发挥这一主体的媒介传播作用。一方面，需要校友和其他社会力量将他们所处行业对应的专业所需的最新发展信息及时地传播给学校的专业建设团队，以便在专业动态机制调整过程中及时更新相关信息；另一方面，需要这一主体将学校的专业建设情况及时传播，以提升学校专业动态机制的社会检验程度与认可程度，学校应充分利用这一机会及时做好对外宣传工作，提升学校的美誉度与知名度。

六、塑造专业动态机制建设精神，使其成为学校战略发展的一种常态

大学发展的关键在于大师，而成为大师的关键就在于内化于心的追求与信念，因此，对于高职院校中的专业动态机制建设而言，除了要有充分的师资队伍供给外，还需要有推动这一队伍发展的精神氛围。专业动态机制建设精神是对专业建设工作有高度一致而且较为平稳的认同感、责任感、奉献意识以及积极专业意识的价值追求，是对专业建设行为所秉承的自觉、连贯、发展的行为。学校可从战略的层面明确专业动态机制建设精神塑造的重要地位，并为这一精神塑造创造良好的环境，提供有力的支持；对专业建设团队来说，需要团队成员不断优化自身的专业意识与发展内涵，具有充分的活力。

七、严格开展专业审批论证与专业评估，形成退出与激励机制

依法治校，科学管理应成为高职教育发展的客观要求。政府应该完善制度建设，依靠制度规范高职院校专业的管理工作。首先，专业审批制度要明确体现实质审查的内容，要对高校申报新专业的实际办学条件与资源进行实地核查。同时，要对存在虚构和夸大新专业办学资源行为的高校进行惩处，规范高校诚信办学。其次，对新专业设置应该坚持严格的审批标准，把好准入关。原则上行业举办的高职院校，其专业设置应基本围绕行业性质来进行。地、市举办的高职院校，允许设置该地、市社会经济发展需要的大类专业，但跨类不宜过大。政府要严格实施专业准入与调整，规避高等学校出现专业跨类过大、分布过散的问题。当前有些高职院校依靠主观喜好设置专业，脱离实际需求。它产生的明显后果就是人才的结构性过剩和结构性匮乏。市场需求是设置专业的前提。高职院校应该组织专门力量做好社会调查研究工作，为高职专业的科学设置奠定基础。"如果市场对某种特定知识或技能有很大需求，诸多高校就会竞相提供这种教育服务，但现实中市场需求的信号常常不够准确。"[44]为此，高职院校更应该依靠校内专家与企业或行业的专家参与专业设置和建设，认真分析市场需求的各种信号，去

伪存真，去粗取精，掌握真正需求。高职院校要用好办学自主权，要依靠法律赋予的自主权，处理好新旧专业、专业设置与建设等一系列关系。对于拟申报的新专业，要认真分析其产业面向、市场需求和办学成本，明晰利弊，综合判断，科学决策。对于已批准设立的新专业，要及时投入资源，配套措施，为新专业的建设创造良好环境。对于原有专业，要根据市场变动和技术进步，及时调整专业定位、人才培养计划、课程内容与教学方法。高职院校要建立健全社会参与机制，完善利益分配机制，充分调动社会资源，吸引行业企业的专业人才参与高职院校专业建设，推进高职院校专业的建设和发展。

专业评估是欧洲各国高等教育质量保障体系的重要组成部分，也是各国提高专业质量与水平的普遍方法。如在荷兰，教育文化和科学部成立了高等教育鉴定委员会，主要对高等教育中现有的和新设立的课程质量进行把控。在丹麦，政府于1992年建立了高等质量保证和教育评估中心，其主要工作是对高等教育专业进行定期和系统的评估[45]。在我国，经过多年的发展，本科专业评估工作取得了一些成绩和经验，并日益成熟。当前，政府要借鉴本科教育专业质量评估的经验，制定高职专业质量评估方案与具体的管理制度和配套措施。通过开展高职专业评估工作，政府能及时把控专业办学状况，同时，对同类高职专业的办学质量和水平进行横向对比，实现相互竞争、共同提高的目的。

高等教育内外部必须以平等竞争为手段，实行优胜劣汰，把资源配置到教育质量高的高校和学科中心，更好地为社会培养一流的人才，创办一流的大学。政府要完善高职专业退出机制与激励机制。对于办学效益较差的高职专业，应及时减少招生计划，并进行整改和调整。对于整改调整以后仍然达不到专业基本质量标准，要强制取消该专业。对于办学效益高的专业，政府可以采取专项奖励资助、增加招生计划等方法鼓励发展。只有建立公平合理的竞争秩序，突显优胜劣汰，才能使高等学校充分调动办学的积极性与主动性，不断提高专业质量与效益。

八、坚持办学特色与办学规律，打造专业核心竞争力

"办学特色必须从学校内涵上生发出来，外在因素不能代替你确定特色。特色也不是主观想象出来的，如果没有历史的积淀、相宜的客观环境、主体自身的条件和实力，只是领导说要立这个特色，结果等于望风捉影。"[46]高等学校要根据历史积淀、客观环境和主体自身条件来提炼专业特色。高职专业特色明显，就容易获得更多的社会资源投入，实现做强做大的目的。相反，如果高职专业数量众多，但是专业特色不突出，办学水平一般，那么，高校也难以在激烈的竞争中取胜。高校是以学科与专业作为特色来打造核心竞争力的，而非依靠专业数量众多来取得竞争优势。首先,高职院校须结合行业和地方条件来定位高职专业的服务方向以打造和发展专业特色,提高专业人才的竞争力。其次,高职院校可以在专业人才培养模式、课堂教学等方面打造专业特色。最后,高职院校可以在课外教育、实践教学方面打造专业特色。总之,专业特色贯穿专业设置与建设的全过程,高职院校应结合区域与行业等实际情况来提炼与发展专业特色。

"大学的办学活动应当遵循经济和学术制约的两大规律。前者不仅反映大学与经济社会互为需要、互为促进的关系,也包括大学内部经济管理运行的内在要求,而后者包括人才培养和科学研究的运行规律问题。"[47]在地方政府层面,要宏观调控地方高职专业结构与经济社会发展结构相适应。对于增速过快的专业,要及时控制专业数量,并均衡专业的地区分布。对于社会需求旺盛的专业,要逐步扩大专业数量,加快增长速度。对于办学投入大,难以在短时间内给学校带来高效益回报的农、林、牧类专业,政府要加大资助力度,鼓励高校办好此类专业。在学校层面,高职院校要科学经营自身的发展。"高等教育是一个昂贵的事业。"[48]随着高校的发展,资源投入越来越多。鉴于大学内部经济管理运行的内在要求,高校要注重投入与产出的平衡,力求小投入、高产出,提高办学的质量与效益。其中,建立高职专业群就是具有较高经济效益的方法。"所谓专业群,就是由一个或多个办学实力强、就业率高的重点建设专业作为核心专业,若干个工程对象相同、技术领域相近或专业学科基础相近的相关专业组成的一个集合。"[49]建立若干专业群,可以解决专业分散的问题,降低专业建设的成本,提高专业的供给效益,提升高职院校的人才培养质量。

第五章 基于有效性的高职教学供给侧改革

供给侧结构性改革的推进在经济社会发展中发挥了重要的作用。教育和经济的辩证关系,决定了经济供给侧结构性改革必然对教育领域产生深刻影响。供给与需求是分不开的矛盾关系,供给决定了需求,需求又为供给提供动力,供给侧改革不仅是一种新的视阈,更是一种新的方法。作为高职教育的重要组成部分,高职课堂教学在很长一段时间内处于供需不平衡状态。当前有相当一部分高职院校的课堂教学还是强调"以输为主""以书为本"与"以师为上",忽视了高职院校的学生真正需要什么,使高职课堂教学偏向供给侧一端。有些高职院校的课程教学改革,过于强调教学方法的革新,过于强调学生的能动性,过于强调学生的个性,忽视了高职课堂教学供给侧一端的主导力和影响力。当前的高职课堂教学并不是缺少需求,而是需求侧一端发生了变化,供给侧一端却停滞不前,供给质量和供给内容与需求侧无法协调共振。在供给侧结构性改革视阈下,全面深入分析高职课堂教学的供给侧与需求侧问题,不仅要站在需求的角度上,也要站在供给的角度上,分析高职课堂教学面临的问题和任务,而且要着重从高职课堂教学的供给侧一端入手,以高职教育人才培养需求为核心,淘汰落后产能,实现从低质量的供需失衡到高质量的供需平衡的飞跃。

第一节 高职有效教学的特征及影响因素

一、关于有效教学的相关研究

(一)有效教学的概念研究

目前,学术界对有效教学概念的界定主要有以下几种视角:第一种是从经济学的角度来界定有效教学,概括为有效果、有效率、有效益。有效教学是指教师为实现既定的教学目标,遵循教学规律,以最少的时间、精力和物力,取得最好的教学效果而组织实施的活动[50]。第二种是从"有效"和"教学"两个概念出发来界定有效教学,认为有效教学是为了提高教师的工作效益、强化过程评价和目标管理的一种现代教学理念。它的核心是关注学生的进步和发展,关注教学效益。这种观点明确指出不能把教学效益简单等同于生产效益,教学效益不取决于教了多少内容,而取决于单位时间内对学生的学习结果与学习过程综合考虑的结果[51]。第三种是从结构角度来界定有效教学。这种观点指出表层上的有效教学是一种教学形态,中层上的有效教学是一种教学思维,深层上的有效教学是一种教学理想。有效教学就是把有效的"理想"转化成有效的"思维",再转化为有效的"形态"[52]。第四种是从全面综合的角度来界定有效教学,认为有效教学是指教师在教学活动中遵循教学活动规律,以尽可能少的教学投入,取得最优的教学效益和最高的效率,促进学生在知识与技能、过程与方法、情感态度与价值观"三维目标"上获得进步和发展,从而有效实现预期的教学目标,满足社会和个人的教育价值需求而组织实施的教学活动[53]。第五种是从动静态结合角度来界定有效教学,认为有效教学是指教师在具体教学过程中根据课前预设的教学方案而实施的兼顾预设教学目标的实现和教学动态而有效生成的教学活动。它重视教学情境和教学过程,追求教学效果,重视教学经验的反思[54]。第六种界定比较宽泛,是以学生发展为取向来界定有效教学,认为凡是能够有效促进学生发展、有效实现预期教学结果的教学活动都是有效教学[55]。纵观以上几种对有效教学概念的界定,虽然角度不同,但我们仍然可以发现学者们对有效教学概念的界定是有共同之处的,即有效教学以促进学生的进步和发展为根本目的。

(二)有效教学的特征研究

虽然当前学术界关于有效教学的特征研究不多,但相关研究给高职有效教学的特征研究提供了基本的理论支持。如有的学者研究后认为教师热爱教学工作、教师知识渊博、教师讲授清晰、学生主动学习、积极的课堂氛围是有效教学的最基本特征[56]。有的学者深入探究后认为正确的目标、科学的组织、清楚明了、充满热情、促进学生学习、以融洽的师生关系为基础、高效利用时间、激励学生是有效教学的独特标志,也是有效教学与低效、无效教学的主要区别[57]。有的文献资料提炼出的有效教学的基本特征是以学生发展为本的教学目标、预设与生成辩证统一、教学有效知识量高、教学生态和谐平衡、以学生发展为取向[58]。每个有效教学的教师都有着不同的教学特点,对教学的感知也不一样,这就导致了有效教学形式的多样化。同时,这也启示广大高职教师有效教学可以是个性化、富有个人特色的,教学途径也是多样的。

(三)有效教学的影响因素研究

有效教学的影响因素很多,通常不是单一因素而是多种因素共同影响了课堂教学水平。教学过程中的所有因素,如教学环境、教师、学生、教学内容等,都会影响教学效果。目前,国内关于有效教学的影响因素研究主要也是从这几个方面来入手的。有的学者从教学环境来分析有效教学的影响因素,认为教师工作绩效考核方式、教学情感和智力环境会影响教师的有效教学[59]；学校对有效教学的重视程度、激励有效教学的制度、学校的教学管理、教学投入等都会影响教师的有效教学[60]。有的学者从教师的角度来研究有效教学的影响因素，如东北师范大学陈旭远教授通过量化研究发现，风趣幽默型的教师比严谨逻辑型、权威型的教师的教学更为有效[61]；有的文献资料提出教师自我认知偏差会影响教学决策，进而阻碍有效教学[62]。有的学者在总结国内外影响有效教学的关键因素实证研究的基础上，指出影响教学效果的因素不仅有教师的教学水平，还有组织管理水平[63]。有的学者提出教师的教学管理能力和教学监控能力会影响有效教学。有的学者从教学内容入手分析有效教学的影响因素，认为教学内容的价值、教学知识量、教学内容的呈现方法会影响教师的有效教学。还有的学者以学生为对象来研究有效教学的影响因素，认为学生的学习能力、学习动机、学时量和课外学习都会影响教师的有效教学[64]。

二、高职有效教学的特征及影响因素

（一）高职有效教学的特征

1. 教学目标突出职业性、重视人文性

高职课堂有效教学的教学目标是职业性与人文性并重的，学生处于最佳投入状态，教学生态和谐平衡，课堂管理科学有序[65]。高等职业教育具体的培养目标具有多样性，几乎覆盖社会的各行各业，但就其培养的人才类型而言，主要是技术技能型人才。高职教育的教学目标是要为社会培养服务于生产、建设、服务第一线的技术技能型人才，是为学生从事某一职业而提供的职业准备教育，其目标是提升学生的职业能力，促进学生的职业化。培养技术技能型人才不仅需要使学生具有相应职业领域的能力，这种职业能力不是操作技能，也不等同于心理学上的能力概念，而是职业能力和其他相关能力的综合，包括知识、技能、经验、态度等完成职业任务、胜任岗位所需要的全面素质；还需要使学生具有对职业岗位变动的良好适应性和可持续学习的基础。所以，高职教师要根据课程与学生的特点，科学设定学生在课程学习上的专业发展和终身发展所应达到的目标，要把人文素养培养融入专业课教学中。同时，由于终身发展的含义丰富，不同的教师在教学中会有不同的设计安排和侧重，因此，高职有效课堂的教学效果在这个意义上存在不可比性，提升学生的综合素养永远是课堂教学的不懈追求。

2. 以学生职业发展为取向，实施教学行为

学生的全面发展和进步应该是判断教学以及教学行为有效性的根本标准。教学目标是人们对学生发展质量和规格的表述，所以对教学行为有效性的判断应依

据教学目标，凡是有助于教学目标完成的教学行为都是有效的教学行为。因此，高职教师的教学行为必然是以学生的职业发展为教学的行为取向。在现在的高职教学中，相当一部分教师还是按照普通本科的教学模式进行课堂教学，在课堂上沿袭了传统的"我说你听"的教学模式，教师在教学中仅以知识掌握为落脚点，不顾学生在课堂中的实际表现和存在的问题，按照预设的过程、问题、细节，引领学生机械、被动地"完成"教学任务。但高职课堂教学的重点在于除了让学生掌握必备的理论知识外，更重要的是要培养学生的动手、主动参与等能力。变"牵着学生走"的教学行为为"跟着学生走"的教学行为，是高职课堂教学改革对教师教学行为提出的基本要求；也是学生系统掌握知识、高效学习的过程。

3. 和谐平衡的课堂教学生态

高职学生的学习基础相对薄弱但实践性强的高职教学实际，决定了高职教学要想达到显著的效果，必须构建并实施和谐平衡的课堂教学生态，只有这样才能高效、优质地实现高职学生全面进步和发展的目标。和谐平衡的课堂教学生态主要表现在如下几个方面。首先是和谐平衡的教学方式结构，有效教学的教学方式结构常常表现为各种教学方式的和谐、平衡的动态运用，而不是把各种教学方式割裂开来。其次是和谐平衡的教学思维结构，表现为教学思维清晰、结构合理、辩证全面；改变教学思维方式单一片面的现象，是提高教学有效性的重要途径，教学生态和谐平衡也是有效教学的基本特征。再次是和谐平衡的教和学。有效教学既有赖于教师的优教，又有赖于学生的优学，两者和谐平衡才能提高教学的有效性。高职教学的实践性和应用性需要教师教学过程与学生学习过程的和谐平衡；更要求教师专业技能成长与学生发展的和谐平衡；还要求教师要大胆探索教学互促的教学思路，通过理论学习和实践反思不断提升专业水平。最后是和谐平衡的课堂环境。课堂环境和谐平衡就是指课堂的物理和心理环境能增进学生良好的情感体验，使师生处于一种相互尊重、友好合作、充满人性关怀和具有较高心理安全感、舒适感、归属感的氛围中。高职学生相对薄弱的学习基础、学生情感与态度体验是影响课堂有效教学的重要因素。

4. 教学内容理实高度融合

技术技能型人才智能结构的总体特征是理论知识与实践技术紧密结合。理论技术与知识并不排斥实践经验技术，而是多以经验技术为基础，同时，理论技术的应用还会伴随新的经验因素出现。因而高等职业教育的教学内容必须十分重视理论知识与实践技术的结合，高职教学的实验、实习与实训等实践教学环节比重较大，在课堂教学中，教师应该着重考虑理论技术的操作教学，不能只空洞地讲解理论知识，还要适当地介绍应用型的知识技能，强化学生的操作动机和实践兴趣，使学生较快地适应以后的工作岗位和就业环境，接受社会和用人单位的考验。

5. 学生处于主动投入的学习状态

教学中注重发展、全体参与、交往互动、开放生成是高职有效教学的重要特征[66]。课堂中学生的投入状态指学生自觉学习的程度，它主要包括学生主动学习的动机与实际参与学习的程度。受建构主义学习理论的影响，研究者普遍将是否引发了学生主动的学习行为以及学生学习的实效作为评价教学有效性的重要指标。与本科院校的学生相比，高职学生的学习自觉性、理论知识学习能力比较欠缺，但动手和操作能力往往比较强。高职院校的教师应热爱教学工作、关注学生学习情况，要通过组织引导学生参与讨论、演讲、参与小组活动等形式使其主动投入学习；通过学生互评，学科知识的整合，运用分析、比较、归类等技巧创造性地启迪学生思维，营造积极的课堂氛围，有效激发并保护高职学生主动学习的动机和探究进取的愿望。

（二）高职有效教学的影响因素

首先，从高职教师层面来看，影响高职有效教学的因素主要是教师对学生的期望、教学态度、教学理念、教学理论与科研水平、思想道德水平、教学能力、教学方法、课堂管理水平、教学热情、自我效能感、课堂即时评价、教学方法等。默会知识会影响教师的专业发展，进而会影响教师的有效教学[67]。高职教师的教学观念、教学反思以及教师的课堂管理能力、教师对教材的把握、教师的教学方法、教师的亲和力等也会影响高职有效教学[68]。其次，从学生层面来看，影响高职有效教学的因素主要是学生的学习主动性与积极性、学习态度与学习认可度、学习兴趣与爱好、学习基础与学习能力、学习策略与学习方法等。高职学生生源多元、基础薄弱、学习动机较弱也会影响高职有效教学[69]。再次，高职院校的实验实训条件、课堂纪律与学习氛围、教学评价机制等教学环境会影响高职的有效教学。最后，教学内容的实用性、层次性、针对性与阶段性等会直接影响高职课堂的有效教学。

第二节 高职教学有效供给的缘由

一、相关概念界定

（一）课堂教学

虽然各类学校的广大师生每天都会处在课堂教学之中，但是他们对于课堂教学的确切含义却还没有统一的定义，相关研究人员从不同的理解角度对课堂教学提出了不同的观点和看法，常见的有课堂教学的传统观、课堂教学的社会观、课堂教学的信息观等,分别从课堂教学的时空物理属性、社会学属性、信息传输与交换属性等不同方面对课堂教学进行了阐述和解释[70]。根据高职院校的培养目标和教学内容,可以将高职院校的课堂教学理解为:为了达到预定的教学目标,在确定的时间和空间范围内,通过教师和学生的共同参与,使学生实现知识、技能掌握和职业能力养成的一种教学形式;是教师有目的、有计划地组织学生实现有效学习的活动过程,是由教师的教与学生的学共同构成的一种双边性教育活动[71]。可见,课堂教学的目的不仅在于具体专业知识和技能的传授,还在于学生职业能力的养成[72]。

(二) 有效

所谓"有效"是指一件物品或一项活动具有预期所要达到的积极的或肯定的结果的程度。有人认为教学活动无所谓"无效",只要教学事件发生,就有效,只不过有时候教学的"效"不是积极的、肯定的,而是消极的、否定的。现实中存在的"反教学"或"误教学"现象就是"负效"的,比无效更有害[73]。"负效"的概念是由云南师范大学孙亚玲博士提出的,指的是教学活动对学生造成伤害或消极影响的那些结果。而且,她认为教学活动的这些"疾病"还很严重。她还举例子说明了教师的教学行为所产生的负面效应。例如,课堂上有学生打瞌睡,这一行为已偏离了教学目标,教师该怎么办呢?一种做法是视而不见,因为这只是个别学生,教师可以继续讲课或继续其他的活动,以牺牲一个学生的代价换取时间使大多数学生多学;另一种做法是叫醒这个学生,同时花很长时间专门来批评他。这种做法在缩小了原有偏差的同时却造成了另一种偏差,其副作用更大,即教学行为不但没有起到积极的作用,反而起到了消极的影响:浪费了大家的时间,使不良行为得到了强化,造成一种学生被控制的环境,使其处于被训斥、被责备的境地,久而久之,就会使学生形成一种挑剔、否定的人格特征[74]。可见,孙亚玲博士对教学"负效"的定义是对"有效"的扩展和延伸,这丰富了教育界对"有效教学"意义的理解,在很大程度上讲有效或无效都是相对的。

(三) 有效教学

关于有效教学的概念,目前学术界尚未形成统一的看法,纵观国内学者的观点,可将有效教学界定为:教师有效的教和学生有效的学相统一的教学活动。教师有效的教与学生有效的学互为前提,两者相互促进。它包含以下两点:第一,教师既要达到预期的教学目标,又要尽可能地促进每一个学生的发展与进步,在完成教学目标和促进学生发展之间,应有一个平衡;第二,有效教学应符合学生个人需求及社会需求。教学的最终目的是培养人,个体要有满足自我提升的个人需求以及社会对人才培养的需求。如果教学无法满足学生的个人需求或社会需求，都不能称其为有效教学。

（四）高职院校有效教学

高职院校有效教学是指一种高职教师有效的教和高职学生有效的学相统一的课堂教学活动，它包含以下几个方面。第一，高职教师既要达到预期的教学目标，又要尽可能地促进每位高职学生的发展与进步。在课堂教学中，教师在开展各种教学活动的同时，应尽可能地促进每个学生的发展。由于高职生源的多元化，每位学生的起点能力不同，老师在兼顾因材施教的同时，也要完成相应的教学目标。第二，高职有效教学应符合学生的个人需求和社会需求。与普通高等教育相比，高职院校的人才培养目标与社会需求贴合更加紧密，但与此同时要关注高职学生多样化的个人需求[75]。第三，高职院校课程主要包括文化课程、专业理论课程以及专业实践（实训）课程，高职教学主要包括文化课、专业课、实践实训课等课程的教学。

二、增强高职教学供给有效性的缘由

（一）现代职业教育内涵式发展的需要

2014年，国务院出台了《国务院关于加快发展现代职业教育的决定》，该文件对现代职业教育的发展内容做了全面的论述。现代职业教育内涵建设的关键在于课堂教学质量的提升，因为课堂教学是一个国家职业教育水平成熟的标志，只有职业教育的课堂教学真正达到相当的质量水平，才可以说一个国家的职业教育具备了现代化特征[76]。高等职业教育作为我国职业教育体系中的高层次教育，其课堂教学的质量尤其值得重视和关注。教育部颁布了《关于全面提高高等职业教育教学质量的若干意见》，文件指出全面提高教学质量是实施科教兴国的必然要求，也是高等职业教育自身发展的客观要求。近年来高职院校的人才培养质量备受质疑，其原因就在于高职院校对自身发展的探索大多停留在办学规模、硬件投入、实训基地建设等宏观层面上，未能真正触及人才培养的核心，即课堂教学。人才培养是高职院校的根本任务，提高教学质量是高职院校的永恒主题，因此注重教学的有效性就成了高职院校提高教学质量的必然要求[77]。以质量为核心的现代职业教育课程改革正在紧锣密鼓地推进，教学作为课程的核心领域，其改革却步履蹒跚，为保证现代职业教育内涵式发展的稳健有力，对高职教学供给侧进行改革，着重提升高职教学的有效性迫在眉睫。

（二）高职院校提高自身影响力与吸引力的需要

有影响力与吸引力的高等职业教育的首要特征是"让人们满意的职业教

育",民众愿意接受职业教育就是高等职业教育有吸引力的最直观表现[78]。从表面上看,高职院校借高校扩招的契机得到了迅猛发展,坐拥高等教育的"半壁江山",满足了经济社会对技术应用型人才的大量需求。但同时也暴露了大量吸引力不强的问题,如生源数量、质量下降,师资力量不足,毕业生就业质量不高,技能型人才短缺等问题持续存在,高等职业教育的不可替代性不够明显。中央组织部、人力资源社会保障部发布的《高技能人才队伍建设中长期规划(2010—2020年)》文件中提到,2020年高技能人才需求比2009年增加近990万人。高职院校要想在培养高技能人才方面发挥基础性作用,必须真正提高自身吸引力与社会影响力。增强高职社会影响力与吸引力,不能只是简单地追求就业率,而是要突显高职院校毕业生就业质量,其首要任务就是要提升高职教学质量,切实增强课堂教学的有效性。

(三)高职院校自身的价值追求与高职学生成长发展的需要

高职院校是培养高技能人才的专门场所,课堂教学是高职学生接受教育的基本途径,所占时间最多,涉及面最广,对学生发展的影响最全面、最深刻。高职院校课程主要包括文化课程、专业理论课程、专业实践(实训)课程、理实一体化课程等,专业理论课程主要传授学生本门专业的相关理论知识,专业实训课程主要培养学生的专业技能,理实一体化课程则是突破理论与实践脱节的现象,通过建立理论与实践的内在联系,在实践中去讲解理论知识。高职学生通过课程学习不断丰富自身知识、提升技能与素养,高职课堂有效教学水平的高低直接关系到学生职业能力水平的高低和学生将来的就业质量及长远发展。针对当前高职院校课堂教学令人担忧的现状,高职毕业生就业质量不高等实际状况,以有效教学为基点,对高职教学供给侧进行改革,保证学生能够接受高质量的课堂教学、为社会提供适用的高技能人才,是促进学生可持续发展的现实需要,也是所有高职院校的共同追求。

第三节 供给侧改革背景下高职教学改革面临的现实困境

一、教学目标局限于"知识本位",供给目标不明确

教学目标是预期达到的学习结果和所要达到的标准,使教学活动具有一定的指向性,并且为教学评价提供依据。教学目标既是教学活动的出发点,也是归宿。在供给侧改革深入推进的时代背景下,我国还有相当一部分的高职院校存在着教育目标不明确,教学盲目性、随意性较大等缺点。我国高等职业教育起步较晚,又多是从中职、成人或普通教育中升格或分离出来的,带有浓厚的普通教育

的影子，注重理论、忽视技能。并且，有些高职院校自身的技术技能教育在指导思想、管理力度、激励措施等方面也存在不少问题。因而培养出的毕业生适应区域经济社会建设的能力不强，不能即时上岗，社会认可度低。这些问题都与高职院校教学目标的确立有很大关系。

在高职教育中确定教育教学目标，科学地贯彻实施目标教学法，对于推行教学改革，提高高职课堂教学效率，实现人才的目标培养，具有十分重要的现实意义。另外高职教育以培养"技能型专门人才"为目标，有些高职院校对此目标定位的认识片面，将高职教育等同于技术技能的传授，高职课堂片面地重视专业知识的讲授与工作技能的强化习得，忽视学习者职业道德、职业技能、职业行为、职业作风、职业意识和人文知识等综合素养的培育[79]。最终导致课堂演变为技能加工流水线，学习者成为课堂系统加工的产品，学习者虽应试性地达到了企业的上岗要求，却未能实现自身的全面发展，不能有效支撑企业发展需求，影响个人职业生涯长期发展。培养的学生难以适应复杂多变的社会变化，再学习、再就业的能力不强。

二、教学方法、方式职教特点不明显，供给方式灵活度不足

高等职业教育兼有职业教育和高等教育的双重属性。职业教育的属性指它的培养目标是针对职业岗位群的，以培养技术应用和技艺型人才为主要目标。高等职业教育人才的知识结构和能力结构偏重实践和应用，是一种既具备一定基本理论知识，又具备较强的实践和应用能力的人才；是一种能把各种构思和设计变成现实，能把理论知识转化为实际应用的"桥梁式"高级技术人才。因此对于高等职业教育的课堂教学来说，要求教师必须具有理论知识和实践知识的深厚功底，具有企业技术应用经验和社会实践，只有如此才能担当培养高职人才的重任。

目前，大多数高职院校普遍存在师资力量不强、教师数量与学生数量比重失衡的状况，特别是"双师型"教师队伍建设薄弱，如"双师型"教师的数量不足、素质不优、年龄结构不合理、学历结构偏低、职称结构欠佳以及知识老化等等。为了解决这些问题，一些高职院校把能讲课的教师全部送上讲台，而这些人员大部分是从普通高校毕业的，没有相应的实践经验，其本身的实践教学能力与操作能力不强，走向讲台就是重复他们所接收的教学经验，机械地传授理论知识。教学方法局限于"同步传授"，目前班级授课制依然是高职课堂（实践）教学的主要形式，受制于传统的教学理念、物化的教学空间、有限的教学资源等因素，教师教学以班级为基本单位，在相同的时空范围内，采用同步传授式的教学方法，以求同样的教学效果，却忽视了学生个体的差异性与工作过程的多样性。

导致学习者处于真实工作场景时，无法实现知识的灵活应用与技能的熟练迁移。高职教育不能根据教学内容及实践教学要求灵活应用针对性的教学方式、教学手段和教学方法，课堂教学没有充分突出高职教育的特色。

三、教学针对性与人文精神缺失，供给内容精准度不够

教育供给侧改革对高职人才培养与经济社会需求的适应性提出了更高的要求，要提高人才培养的市场针对性与适用性，就必须根据职业岗位的要求调整教学内容。当前我国的部分高职院校在教学内容上还是涉及面广，不能根据岗位要求来设计教学内容，并且过于重视陈述性理论知识，培育出来的学生虽然能够很好地掌握理论知识，但却欠缺足够的理论应用能力及实际操作能力；课程内容脱离企业实际，学科化现象严重，与企业生产过程脱节，不适应职业教育的本质规律；教学内容与课程设置难以根据区域经济转型发展、产业结构调整的要求与时俱进地变革；高职专业课程标准与现行职业资格标准还没有实现无缝对接，尤其是与未来的职业岗位要求的对接亟待加强；课堂教学内容与岗位专业知识、岗位技能和职业素养对接的精度还有待提升。

目前高职教学的教学内容，大都能够做到强调以能力为本位，关注职业技术能力的培养。但是新时代的技术技能型人才又非单纯指一般高级技工所具有的简单操作技能和动手能力，还应该包括建立在一定专业理论知识和综合能力之上的综合素质。尽管高职的教学以培养职业型、技能型、实用型人才为目标，但是强调技术能力的培养并不意味着要丢掉职业道德。做人才的前提是做人，诚如我国近代教育家陶行知先生概括的教育宗旨："千教万教，教人求真；千学万学，学做真人。"促使人的心灵觉醒，使学习者具有自尊、自信、自立、自强和自觉融入社会的意识，是一切教育的核心目标，其他目标都应该首先保证核心目标的实现并围绕核心目标展开。当前部分高职院校的教学在一定程度上失去了对人文精神的关注，导致少数素养本来较差的学生成了真正的问题学生，甚至不仅没成为技能型人才，反而成了危害社会的分子。

面对高职教育目前的形势，只有将人文教育和科学传授结合在一起，高职教育才能完整而和谐。"教育的对象是人"，高职学生存在的人文关怀等问题越多，越应接受包括人文教育在内的素质教育。"帮助人人成人是职业教育的首要使命。"[80]高职院校的学生拥有的品质不仅是遵纪守法，德、智、体、美、劳全面发展，还应包括自尊、自立、自强的精神，能与自然生态环境和谐相处，拥有融入社会的意识和能力。在劳动力市场日益发达的今天，企事业单位录用人才不只是以技能高低为标准，还十分看重应聘者的全面素质，有时甚至首先考查非专业能力。因此，高职学校必须引导学生不仅要学会技术技能，更要提升包括思想道

德品质在内的综合素养,让高职学生在学做事的实践中不断地学做人。

四、教学管理局限于"人管机控",供需主体协同性不强

教学管理是教学活动有效开展的基本保障,是教学理念与师生关系的外在表现。高职学生具有一定特殊性,一些高职学生表现出学习动机不强、学习毅力不足、学习反思缺乏等特点。但为保证教学效果,在一定的时空限制内,教师习惯于或迫于采用教学秩序管理的思维,将教学管理的目的定义为对学生行为的控制和纠正,以保障知识技能的正常灌输及基本教学进程的有序推进。教学管理演变为师生之间的一种博弈,"教"与"学"即供给与需求两个主体无法协同共振,教学管理失去了对学习者行为进行引导和激励的功能,导致学习主体始终处于"他律"状态,严重影响了课堂教学的效果。

目前虽然高职教师与学生作为课堂教学的双主体,重点仍然在于知识的传授和掌握,教师习惯于利用传统的课堂讲授等传播方式,经由师生和谐的互动,把适量的有效知识,输送给学生主体,然后学生通过一定的学习方法和策略,将其内化为自己的知识,并且在内化过程中,把这一效果反馈给教师。这与高职教育培养学生的技能型、实用型、应用型的特点有很大出入。还有,对高职课堂教学是否有效的评判还应包括学生的自主参与性的程度如何,当前,高职学生的这一特征还不明显。师生的双向互动是教学生态中的主要因素,他们的互动程度在很大程度上影响教学活动效率的高低。目前,由于学生主体的自主参与性不高,师生主体性行为动力严重不足,教师没有从传统角色上抽出身来,表现为教师有时应付了事地在讲台上传授,学生无精打采地在课堂上应付,实施着根本没有互动的教学活动。而在主体协同、合作互动的课堂教学中,师生的交往方式将发生根本性的变化,教师要从施教者的高度下降,学生也应从被动接受者的地位上升。有效的高职教学面临着不少改革,尤其是教师的权威角色、课堂教学的主体地位需改变,学生也该拥有本属于他们的课堂角色与课堂教学地位。

五、供给制度不健全,减弱了教学效力

课堂学习评价局限于"诊断终结"。课堂学习评价是对学习者学习进程(活动)进行价值判断的过程[81],具有反馈、决策引导、激励等教育功能。目前,高职课堂学习评价多以教师为主,企业、学生部分参与;评价方式以总结性评价为主,忽视学习(实训)的过程性评价;评价内容多以知识技能为主,忽视职业素质能力分析;评价标准以经验性判断为主,缺乏科学体系支撑。学习评价演变为教师课堂教学终结的标准,失去了促进学习者发展、指导教学改进的作用。职业课堂教学评价属于高职院校教学成果反馈的重要途径以及关键内容,是针对高职教学成果进行评价的重要指标。在教学评价体系中，一个学生是否优秀归根结底还是以考试成绩是否优异作为重要的衡量标准[82]。传统教学评价制度属于一种结论性的总结，无法对教学过程中的缺陷和问题进行真实反映，不利于教学有效性的提高。

目前，高职院校教学评价制度设计与教学评价模式固化主要表现为以下几点。首先，课堂教学评价指标在体系设计上存在不合理的现象，相关评价体系有待优化和完善。课堂教学评价体系未能针对高职院校具体教学效果进行科学评价。教师没有明确教学过程中的重点内容以及难点内容，高职教育教学设计不够合理，教学过程中采用的教学手段与专业及实践等存在不适应的现象，无法提供科学、真实的评价。其次，教学评价指标的具体设置存在一定的片面性，程式化特征比较突出，高职院校在设置相关教学指标时存在不合理之处，发展性指标占据比例较少，导致教师出现功利心理，教学工作急躁。高职教学评价体系在针对学生的学习效果评价指标进行设定时，指标欠缺合理性。很多高职教师通过考试成绩来衡量学生的学习效果，评价学生优劣，教师过分重视理论知识学习的考核，对学生实训能力、实践技能的评价不够注重。高职教学评价指标大多是针对理论教学部分，而未能针对学生实践技能以及职业素养等设定科学的评价指标，无法客观地反映学生的学习效果。最后，高职教学评价体系有待优化，课堂教学评价结果无法在第一时间反馈到相应部门，无法及时采取相应措施对教学中的问题进行解决。高职教学评价方式大部分是教师主动操作，教师存在明显的主观性，很难构建客观而完善的教学评价体系，因而无法针对相关数据开展有效分析及做出快速处理。学生的学习效果评价大部分是由教师负责给出的，而教师对学生缺乏深入而全面的了解，无法准确分析学生的真实个性，这导致教师教学评价存在一定的片面性。高职课堂教学评价体系与评价制度未能真正发挥其在教学过程中的积极作用，不利于提高高职教学的有效性。

教学管理制度不科学，导致学习资源局限于"静态预设"。学习资源是支撑学习活动开展的基本条件，是教师教学智慧的彰显与实践，也是学生个性发展的引导与依托。高职教育由于受工业化教育理念与中国传统教育管理思想的影响，在教学管理与学习管理上过分强调封闭化与结构化的预设性资源，而忽视了对学习过程中动态创生的生成性资源进行挖掘与利用。预设性资源具有系统性与封闭性，可有效服务于显性知识或技能的传授与习得，但同时也是禁锢的。预设性学习资源禁锢于教师思维，禁锢于课程目标，禁锢于教学评价，束缚了高职学生的个性与思维。随着教学进程的推进、社会需求的更替，最终导致预设性学习资源固化而失去生命性，无法支撑有效教学的发生。

第四节　高职教学供给侧改革有效推进的立体分析

高职教育作为高等教育的一个重要组成部分，其教育教学供给质量的高低会直接影响我国高等教育发展战略目标是否实现。目前，我国高职课堂教学的有效性还有待提高，高职的教学质量与人才供给质量日益成为社会各界关注的焦点问题。有效推进高职教学供给侧改革、提高课堂教学质量亦成为高职教育工作者需要关心的重要课题。就如何搞好高职院校的课堂教学、课堂教学质量的高低主要受哪些因素的影响、高职教学如何改革等问题学界给予了很多关注并进行了很多的研究。有的是从教师本身来研究，从教师的个人品质、特征等方面进行阐述；有的是从教学因素的角度进行分析，包括教学目标、教学内容、教学方式、教学策略等；还有的是从教学的实施过程进行分析，按照教学实施的时间维度，从教学准备、教学实施、教学评价对影响课堂教学有效性的因素进行了阐述。这些分析探讨虽然对高职课堂教学的改革具有重要意义，给高职教学供给侧改革与课堂教学改革指明了方向，但还有深化提升的空间。唯有从多维度和多视角对此理性、全面、立体地分析，才能使改革更具有针对性和实践性。

教学因素在教育大词典上亦称"教学要素"，是构成教学活动中既独立又联系的基本实体成分。课堂教学是一个由教师、学生、课程、教材、教室、教学设备和教室周围环境等诸多因素组成的系统，而且各因素之间是相互作用的关系，任何因素的变化都会对课堂教学效果产生直接的影响。从多维度立体分析，既可以把教学因素以时间的先后为维度，分为课前、课中、课后；也可以把教学因素从教学论的维度进行分析，分为教学内容、教学方式、教学策略、教学评价等；从现代教学系统论、信息论的维度来分析，分为人力方面、物质方面及教学信息方面三大类，每个要素是相对独立的子系统，其中教师、学生是活动的主体，教学信息是系统的"软件"，物质技术手段是系统的"硬件"[83]。其实无论哪种分类方式、怎样分类，其根本目的都是为了全面寻找高职教学的影响因素，并且根据这些因素和当前高职课堂教学、实践实验教学等领域存在的问题，提出切实可行的高职教学供给侧改革有效推进的对策和建议，切实提升高职教育的供给质量。

一、树立正确的供给理念与目标

（一）树立正确的高职教育理念

高职教育理念主要反映在知识传授与能力素质培养的关系上，必须树立注重应用能力教育，融传授知识、培养能力与提高素质为一体，相互协调发展，综合提高的思想；在理论与实践的关系上，要改变过去教学中重视理论知识教学而轻视实践、忽略应用的状况，要理论联系实际，强化实践教育，注重培养实践应用的意识；在教与学的关系上，要改变过去以教师为主体的教学模式，让学生成为教学活动的主体，更加重视学生独立应用能力的培养。

（二）树立技术与德育并重的教育理念

高职课堂教学中，尽管传授知识、强调技能是培养重点，但是不可轻视对高职学生德育的引导和培养。高职学生生源质量参差不齐，少数高职学生不光学习成绩差，本身的道德素质也不高，这对高职院校教师的教学工作提出了更高的要求。在《国务院关于大力发展职业教育的决定》中就指出，"把德育工作放在首位，全面推进素质教育。坚持育人为本，突出以诚信、敬业为重点的职业道德教育"。技术是把双刃剑，有品性和尚德的人会使之向善，缺德之人易使之向恶。所以，高职教育中的技能、技术一定要为有德、有情、有仁义之心的人所掌握。换句话说，高职教育的本质在于培养全面和谐发展的人，不把握这个本质，学生的职业技能水平越高，教育品质越将临近危险境地。

（三）明确"三用"的教学目标

教学目标明确是提高高职课堂教学有效性的关键。要根据高职人才培养实际提出实用、够用和会用的"三用"策略。实用，高职的培养目标就在于培养适应生产、建设、管理、服务第一线需要的应用型、复合型技术人才和管理人才，而这类人才与市场、职业、技术等方面有着更直接的关联，因而，高职院校一定要按市场、职业、技术三个坐标轴来考虑教学目标的设立。够用，目前高职学生的生源质量不同，根据课前的教学目标分析可知，针对学生的学前能力来说，课堂教学传授的知识只要使学生够用就可以了，因为培养的高职毕业生不是研究型人才，而是把设计蓝图转换为现实产品的人员。会用，是针对高职毕业生就业后能即时上岗，即时地适应业务要求，达到"用得上"要求的目标。

（四）根据时间维度明确教学目标

首先，要根据学情确定高职课前教学目标。教师应该根据学情，包括学生的学习兴趣、动机、情感、已有的知识基础等选择教学起点，对教材进行处理，这也是高职课堂教学的基础。部分高职学生因为基础差，缺乏学习主动性，而教师在分析学情时却过多地依赖经验，或者仅仅是依据对考试成绩的简要分析等，这些是造成教学质量低下的重要原因。对高职院校来说，教学目标最突出的特点是让学生掌握应用型理论知识的同时，要着重进行对技能型、复合型人才的培养。由此，高职课堂教学的课前教学目标也应把握学生的知识起点能力、技能起点能力。当然，任何教学都不应忽视对学生态度、情感方面的关注。培养目标是靠教学实现的，教学目标是培养目标的具体化。从某种意义上说，把握住了教学目标就等于把握住了培养目标。所以，教师在设立课堂的教学目标时，需要分析学生的起点能力，全面分析学生的现实状况，有侧重地引导学生的技能学习。

其次，要灵活掌握课中教学目标。在课中的教学目标分析中，既需要预设，也需要生成。没有预设的教学目标是天马行空、不负责任的，而没有生成的教学目标是形而上学、不精彩的。但是，如果在课堂上教学目标预设过度，挤占生成的时空，从表面上看这些课堂教学有条不紊、井然有序，但实质上还是传统的以教为中心、以知识为本位的教学观的体现，严重偏离了高职课堂所预设的培养学生的动手操作能力的教学目标。所以，从根本上讲，这是低效的教学。反之，如果是生成过多，一方面必然会影响预设目标及教学计划的实现，从而导致教学的随意性和低效化；另一方面也会使教学失去中心，失去方向，同时也会导致泛泛而谈，浅尝辄止，从而最终也背离了教学的目的。教师应以高职学生的培养目标为出发点，课前预设既考虑生成的多样性、可能性，又在课堂教学实施中注意以不偏离预设的基本目标为前提，尽可能地发挥生成的多样性，把预设教学目标和生成教学目标和谐统一起来。

二、精准供给内容

（一）技术技能教育与人文教育并举

首先，高职教学必须彰显教学目的之职业特性，从教学计划的制订、教学内容的确定、教学方法的选择，到实训设施配备及师资队伍建设、考试考核方法等，都必须瞄准学生毕业后将从事的职业岗位（群）对知识、能力、素质的要求，以应用为目的，着力提升学生的就业和创业竞争力。其次，高职教学应彰显教学过程的实践特性。高职要培养素质高、能力强、上岗快、用得上的应用型高级技术人才，要以技术应用能力为主线，设计学生的知识、能力、素质结构的培养方案。以应用为主旨和特征，构建课程和教学内容体系。其中很重要的一点就是要求学生在校期间必须完成上岗前的实践训练，学校必须十分重视实训场所和设施的建设，除校内应有较完备的、与基本技能、专业技能、技术应用能力训练有机结合的实训设施外，还要有稳定的校外实训基地，大力推行"1+X"证书制度[84]。最后，必须把人文素质教育有机融入专业素质教育中。如果有人认为职业教育是单纯的技能教育与谋生教育，与心灵的净化和觉醒无关或者关系不大，这是对其莫大的误解。

我国的职业教育先驱黄炎培先生早就认为："仅仅教学生职业，而于精神的陶冶全不注意，是把一种很好的教育变成器械的教育"，只能是改良艺徒培训，不能称之为职业教育[85]。一些高职毕业生能胜任工作的技术要求，却无法在该岗位上取得良好的成绩。该现象的产生和高职的培养过程有很大关系，尤其是某些高职院校忽略了教师对学生的人文、情感和道德方面的培养。在就业竞争日益激烈的今天，高职院校在教学内容上不能仅仅抓住技能这一特点，还要注意在人文、道德和情感方面的教育，尤其需要重视包括人际交往能力、创业能力、自学能力等在内的综合职业能力的培养，提高学生包括思想道德素质、科学文化素质、身心健康素质、劳动技能素质等在内的全面素质，促进他们健康成长和全面发展。

（二）优化调整课程体系

高职教学应高度重视课程体系的调整，应在打破以学科为中心的课程体系的同时，按照突出应用性、实践性的原则，重组课程结构，更新教学内容，建立以提升职业综合能力为中心的课程体系。即使是理论教学，也应以应用为目的，以"实用、够用和会用"为度，以强化应用为重点，不能像传统的大专院校那样过于强调课程内容的系统性，而是要根据未来职业岗位的实际需要删繁就简，摒弃落后、陈旧的内容，增加生产、服务、建设、管理第一线实用的最新技术。

（三）精选与人才培养目标相适应的教材

教材作为实现人才培养目标的载体，对学校的发展具有举足轻重的作用。高职教育课堂教学的最终目的是培养应用型高级专门人才，这必然要求学校有与应用型人才培养目标相适应的教材。目前，部分高职院校的教材反映现代经济和社会生活的内容比较单薄，一定程度上与社会脱节，没有把握时代的脉搏，甚至一些被淘汰的技术还在设置的范畴内。一些高职院校是在"用昨天的知识，培养今天的人才，应对明天的挑战"，所以必须对高职院校使用的教材进行改革。首先，从教材的内容上来说，普通高等教育的教材层次高、内容深、理论性强，显然不适用高职层次的教育，这对培养具有一技之长的应用人才是不利的。所以，普通高等学校的教材不能用于高职的教学课堂。内容过深的教材对基础较差的高职学生来讲，是不合适的，要根据"跳一跳，摘桃子"的最近发展区教育理论选用针对岗位实际、内容适当的教材。其次，从教材的性质上来说，要坚持符合培养目标的要求，高职教育培养的是应用型、技术型人才。因此，要选用与高职层次相对应的、操作性较强的教材，在基础理论教学的同时对学生进行动手操作和联系社会实际的教育，这样有利于提高他们的职业适应能力。

三、优化供给方式

（一）加强情感体验的供给方式

高职教师要激发学生积极的情感体验，引导学生主动学习的心向。教师以愉快的情绪进行教学，学生也会产生同样的情绪体验，教学效果要高于一般情绪状态下的教学效果；反之，学生的情绪体验一般会是消极的，而且教学效果会低于一般情绪状态下的教学效果。对学习心理的研究也表明，伴随愉快的情感体验的学习活动，其活动常常受到强化，而伴随不满意的情绪体验则会使教学活动受到抑制。因而，激发积极的情绪体验，建立主动学习的心向是构建良好教学心理环境的基础。教师可以对学生报以尊重、信任、和蔼的态度，诱发其积极情绪。高职学生与本科院校的学生和高中生相比，厌学情趣、被动学习等情况相对严重，教师一定要克服职业倦怠，时刻以积极饱满的情感投身教学，及时排除不良干扰；课堂教学中要充分发扬民主精神，建立和谐的教学生态，在师生保持积极情绪的基础上和教材有机结合，促进课堂教学目标有效生成。

（二）实施渗透赏识教育的供给方式

赏识教育即教师在教育过程中以鼓励与肯定为主，批评与惩罚为次。这种教育方式，意在对学生的积极行为进行强化，由此实现良性循环，达到育人目的。大部分高职学生在学习能力、学习基础、学习方法、学习效果等方面都处于弱势地位，在学习过程中需要肯定与鼓励。所以，在高职教育教学实践中，教师尤其要重视对学生学习活动的肯定性评价。教师的每一个肯定眼神、每一句赞赏语言、每一个表扬动作，都会对学生的学习活动起到激励作用，都是学生的成功体验。对学习活动的评价是师生之间相互沟通的重要桥梁。学生可以从教师的评价中了解到教师对自己的看法及态度，找到行为的依据与学习的兴趣。学生对学习的兴趣和自信心在很大程度上取决于教师的评价。因此，重视肯定性评价，帮助学生产生成功体验、树立学习自信心是高职教育建构健康教学心理环境的重要保证。教与学的本质属性是教师价值引导和学生自主建构的辩证统一，高等职业教育应倡导自主合作探究的学习方法，让学生成为学习的主体，这就要求师生之间要建立教学相长的平等关系，要求教师成为学生学习的平等伙伴。教师要以肯定赞赏、和悦平等的情感积极化解课堂上的消极因素，在民主、宽容、有序、互动的课堂气氛中提高教学效果。

（三）推进理论知识供给方式与实践供给方式协同运行

高职教育的特征就是培养学生的动手操作能力，在理论知识传授过程中，教师要善于创设问题情境，改革脱离实际的理论教学，要在教学模式上选取"真实任务"，把理论问题与社会实践、岗位工作要求等联系起来，引起学生兴趣，引导学生积极思考，培养学生学习的主动性和创造性。为了更好地立足专业理论知识提高学生解决实际问题的能力，教师要多带领学生去实验实训基地进行现场教学，多去合作企业等真实的工作环境中体验，在现场教学、真实体验的实践中进一步深化学生对专业理论知识的理解，有效提升教学效果。

四、健全供给制度

（一）健全教学评价制度与教学评价管理体系

高职教育区别于其他类型高等教育的显著特点就是育人目标，高职教育要面对市场为生产、建设、应用、服务生产第一线培养技术技能型人才，市场在很大程度上是检验课堂教学是否有效的重要标准之一。在对高职教学评价制度与教学评价管理体系进行设计与完善时，要贯彻"职业教育就是就业教育"的理念，树立市场导向的观念，使高职院校不仅成为育人的场所，也成为劳动力供给市场。

1. 坚持质性和量化结合、统一性和多样化结合的评价方式

"评价最主要的目的不是证明，而是改进。"[86]有效地使用评价方式，能有力地促进课堂教学的有效性。

首先，要坚持量化和质性相统一。定量评价的结果是由数量表示的，在形成评价结果的过程中往往会丢失很多信息，使课堂教学质量评价的客观性和有效性都有很大程度的降低。课堂教学是一项复杂的劳动，体现在教学任务的多样化、教学过程的复杂性、师生的集体协作性与灵活性等方面，其特点决定了课堂教学质量评价必须采用定性与定量相结合的评价方法。以量化的客观评价方式对知识传授进行科学准确的评价，以质性的评价方式对用量化方式不能准确评价甚至是忽略不顾的情感因素、价值观等方面进行评价，在对量化的反思、批判的基础上进行革新和发展，使两者达到最佳融合，促进高职课堂教学的发展，提高高职课堂教学的有效性。

其次，要坚持统一性和多样化相结合。统一性评价主要是以教师的基本功、教学目标和教学态度为评价目标，尤其强调了对课程的共性特征的评价。这种评价方式主要是针对教学目标、教学态度、教学内容、教学方式、教学手段、教学效果等因素进行评价，对不同的课程教学教师制定评价指标，然后从这些共性指标抽象出二级指标，这种做法使得评价方式变得简单，便于操作。但同时也制约了教师的不同教学风格和教学个性，进而影响了教学实际效果和评价的准确性。要深入推进高职院校教学改革，在教学质量评价指标的确定上应突出高职教育的特点，突出时代发展的要求，突出对学生职业性和创新性的培养。这种统一性和多样化相结合的评价方式，能使高职教学评价取得更好的效应，能够提高课堂教学效果，能够促进高职教学质量的提升。

2. 评价主体多元化

专家评价对学校宏观了解全校教学质量，对年轻教师提高教学水平和快速成

长确有好处。但是，由于各高校督导专家组人数有限，听课次数有限，只能跟踪极少数的教师和课程，所以专家评价也无法准确反映每个教师的教学情况和每门课程的教学质量。同行评价对促进教学方法研究、集体备课以及统一课程要求都有好处，但是，由于教师的教学任务和学术研究的任务较重，难以使这种评价制度化、经常化和规范化，而且教师在评价过程中客观上也存在人情面子、利益纠葛等人为因素的干扰，容易使评价流于形式。学生作为教学活动的主体，受到越来越多的关注。学生是教学的对象，是教师教学的直接感受者、体验者和受益者，对教师的教学方法、教学态度、教学水平、教学效果等感受最深，对课堂教学质量最有发言权。因此，许多高校在建立课堂教学质量评价监控机制的过程中，都加大了学生评价的力度。在国外的高等教育中，一直很强调学生对教师的评价权。美国德克萨斯州立大学、亚利桑那大学、华盛顿大学等20所大学的课程教学质量评价几乎全依赖学生这个评价渠道。学生评价时要加强教师对学生的引导和管理，避免学生将更多的主观好恶带进评价中，否则将影响评价结果的真实性和准确性，同时也挫伤教师教学的积极性。

在保证专家评价、同行评价、学生评价的基础上还要进一步促进教师反思自评，因为教学评价的目的在于保证教学质量，促进教与学。教无定式、学无定法，各高职院校要根据各自的特点，有针对性地制定评价体系标准，发挥好评价的导向、激励和诊断作用。教师的教学积极性是保证教学质量的根本，在评价中要着重体现对教师的人文关怀，引导教师正确对待评价，消除思想障碍和负面影响，保护教师的教学积极性、主动性与创造性。

（二）完善课堂管理制度

课堂是由教师、学生、教学内容、教学媒体这四个要素构成的一个有机系统。这四个要素相互交织并形成各种关系。课堂管理就是指教师通过协调控制，整合这些教学要素及其关系，使之形成一个有序的整体，从而有效地实现预定教学目标的过程。课堂管理在教学活动中具有助长和维持两个功能。助长功能指良好的课堂管理可以有效地调控学生学习活动，形成积极的课堂学习环境，有利于完成教学任务和达到教学目标。维持功能指良好的课堂管理保证各个教学环节之间的有序转化，维持课堂教学的正常秩序，有利于形成高效的课堂教学活动。在课堂管理中，教师的角色是关键的，他时刻规范自己的管理行为，使课堂管理更加有效。首先，制度即规范，高职院校要根据高职教学特点和课堂建设实际，建立和完善课堂管理制度并严格执行。课堂教学管理制度体现了学校教育的价值观，它不仅规范着教师的工作方法、工作要求、工作作风、工作效率，还规范着学生的课堂行为、习惯和意志。教师既是严格的课堂管理者，也是学生遵守课堂纪律的榜样，自身要做到自觉、自律，自始至终保持良好的教学状态；还要用制度管理和约束学生在课堂上的行为。其次，课堂管理制度的完善还要着重构建良好的高职课堂生态，既严格，又科学；既体现课堂教学的一般要求，又体现高职课堂教学特色。学生自觉、教师自律，在严肃活泼、宽容民主、师生互动、平等和谐的课堂气氛中实施教学活动。

五、提升供给主体的素质

教师在教学中的主体地位是任何时候都不能取代的，教师是课堂教学的供给主体；不论何时、何地，教师角色在教学中的影响是绝不能被忽视的。教师的教学态度、教学方式、教学内容、教学水平、教学行为等因素对教学质量的影响是直接的，高素质的教师队伍是高职课堂教学质量的保障，也是推动高职教学供给侧改革的关键因素。

（一）决定高职教师素质提升的主要因素

1. 教师的专业理论与科研水平

教师的专业理论与科研水平主要表现在教师的知识结构，具体包括教师的学科专业性知识、相关科学知识、实践性知识、教育学和心理学知识等。教师的专业理论及科研水平与教学的有效性有着紧密关系。教师的这些知识与学生的学业成绩和素质提升存在着显著的正相关。学科专业知识是教师从事本学科教学的基础，相关科学知识是拓展学生知识面的重要保证，丰富的教育教学经验是使教学达到最优化的保障。因此，教师要实施有效的课堂教学，就必须掌握并不断更新学科专业知识，并对其他相关知识保持继续学习的自觉。

2. 教师的思想道德水平

学生之所以能"亲其师而信其道"，很大程度上是因为教师本身的人格魅力和高尚的情操征服了学生。而教师这一形象取得学生和社会的认可是由于教师本身具有良好的"师德"。尽管从总体上来说，人们对于教师的师德对教学有效性的影响不如教师教学能力、理论科研水平等对教学有效性的影响的认识高，但是"师德"在教学有效性的影响中是"内隐"的、"潜在"的、"长远"的，是教师影响力的核心。合格的教师首先必须把自己内化成具有责任感和事业心、敬业爱岗、尊重热爱学生的形象。

3. 教师的理论教学能力

教师的教学能力是教师在教学的全过程中所表现出来的设计、组织、动手操作、表达、管理、评价与反馈等的综合能力。它们与教学有效性的关系非常密切。我们所说的教师的理论教学能力，一般而言是指教师的科学文化知识教学能力。它包括组织管理能力、表达能力、现代教育技术运用能力。它体现为教师把自身知识、教材知识、学科知识转化为学生知识和素质的能力。对高职教师而言，建立有序且有效的课堂规则的能力也很重要。为保持理想的课堂教学效果，高职教师不仅要提高专业知识的应用能力与传授水平，还要注重教学组织能力、课堂驾驭能力、课堂管理等能力的培养和提高。

4. 教师的操作能力

有些高职院校的任课教师总认为实践操作能力是"双师型"教师的事，这是一个很大的认识误区。高职教学的显著特点就是实践性强，就是思政课和文化基础课都要强调实践性。如果教师在课堂上不能正确使用教学设备或缺乏实践能力，必然会使学生产生疑惑，进而产生厌学情绪和对教师的不信任感，不利于课堂教学质量的提高。高职教师必须重视自己实践动手能力的培养，在教学中真正将理论与实践结合起来，着力培养学生的职业胜任能力。

5. 教师的教学智慧水平

相当一部分高职学生存在学习基础薄弱、不愿思考、不想提问、被动学习等问题，但这些问题的存在并不意味着高职学生不能思考、不会创新。而当今的高职课堂上，很多教师依然担任着"搬运工"的角色，也就是教师基本上是按部就班地把教科书、教参上的内容搬到课堂上，讲授给学生。教师"引"而不导，没有充分教育、引导学生去思考。在这样的教学过程与教学方式中，教师很难培养高职学生的创造力，更谈不上生成智慧。一个合格的高职教师必须自觉主动地提升教学智慧水平，根据高职学生的个性特点和学情基础，施用灵活的教学策略，运用设疑质疑、以疑引趣、以疑激思、恰当引导、融合互动等教学艺术，在教学中激发学生的兴趣，引发其探求欲望，使之产生深入理解的动力，提高学生发现问题、分析问题、解决问题的能力，最大限度地提高课堂学习效率和课堂教学效果。

（二）加强"双师型"教师队伍建设

建设一支以就业为导向，强化技能性和实践性教学要求的"双师型"教师队伍，是高职院校培养社会需要的高素质应用型人才的关键，也是高职教育教师队伍供给侧改革的主要方向。基于高职教学效果有效提升的"双师型"教师队伍建设的发展策略主要可从如下几个方面着手，第一，国家层面要成立"双师"技能鉴定委员会，规范"双师型"教师资格评审和考核标准，启动动态评审机制，把好"双师型"教师的认定关，从源头上严格控制"双师型"教师的质量。第二，政府层面必须从舆论上为"双师型"教师扬名，提高其社会地位，从经济上扶持，为提高"双师型"教师待遇提供政策保障。第三，高职院校要完善培养培训体系，把教师的职前职后培训有机衔接好，开展多样化的培养培训活动，深化产教融合，加强兼职教师队伍的培养和建设[87]。第四，搭建高职院校应用型科研平台，组建技术研发团队，支持引导"双师型"教师深入区域农村、企事业单位、政府机关开展"落地式"技术服务和科研工作。第五，完善和创新教师激励机制，建立科学规范的教师评价体系，采取针对性的措施在师资引进、职称评审、薪酬晋升、培训考核等方面向"双师型"教师倾斜,如"双师型"教师在职称评审、薪酬晋升等方面不能把论文发表等理论科研成果作为重要的量化考核标准,而是要重点考核其技术技能水平和应用技术服务等业绩。第六,加强对"双师型"教师的职业生涯规划的牵引[88],组织和引导不同的"双师型"教师开展专业化、个性化的职业生涯规划和诊断。不管是"中国制造2025"、德国的"工业 4.0",还是美国的"工业互联网",都需要高素质的技术工人参与,所以作为培养技能型人才主力军的"双师型"教师的职业生涯规划具有很重要的现实意义。高职院校的人事管理部门要重视"双师型"教师的职业生涯规划,对"双师型"教师的职业生涯规划在业务上要精心指导、经济上要大力支持,帮助他们健康成长,为他们的个人发展指明方向。

六、完善供给环境

教学环境是教学活动的主要供给环境,也是教学活动无处不在的因素,是无时不影响教学效率与效果的主要因素。它从根本上制约着课堂教学活动的开展,是不容忽视的因素之一。教学环境可分为硬环境和软环境。硬环境是指课堂教学中能看到的、外在的教学环境。教室的大小、光线,教室里的桌椅,教材等其他的教学设备是教学活动的主要"战场"。教学硬环境的建设和完善应注意以下几点。第一,要轻松舒适。例如,灯光的亮度不能太暗,"阅读区的灯光可以亮一些,而讨论区的光线可以柔和一些"[89]。第二,要有益于教与学。例如,学习区不宜太拥挤,要便于拿取和放回学习材料。有互不干扰、易于教师指导与监控的空间等。第三,有宽敞、足够的学习空间。在任何环境下,人们都需要有自己的私人空间,当空间狭小的时候,人数越多,发生侵犯性行为的可能性就越大。就学习而言,空间狭小对学习效果的影响也越大。人数的多少也能对有效教学产生很大的影响。这也是有条件的高职院校采取小班教学的原因。第四,恰当地使用多媒体、大数据等教育技术。这不仅可以使师生从数字图书馆得到用于分析的数据,还可以促进教师、管理人员和学生的学习,增加高职院校和社区及家庭间的联系,把"令人激动的、基于真实世界的问题引入课堂,还提供促进学习的支架和工具,给学生和教师提供更多的反馈、反思和修改机会"[90],为提高学习和教学效果提供技术支持。总之,丰富合理的物质环境有助于高效学习。

软环境是与硬环境相对的,是指在课堂上无形的、动态的教学心理环境。课堂活动的效果不仅仅取决于教师的教、学生的学,还取决于一定的教育情景。课堂教学气氛是教育情景的重要组成部分之一。建设包括"平等和谐的师生关系、端正的教师仪表、教师的积极情感、学生主动学习的意向、教师的良好个性、师生互动的课堂气氛、合适的教学方法和艺术"等多种因素在内的软环境,有助于提高课堂教学质量。

第六章　高职创业教育供给侧改革

当前我国经济发展呈现出了新的发展态势，供给约束、供给抑制和供给结构老化成为发展中的主要矛盾。为了适应和引领经济发展新常态，我国开始实行供给侧改革，通过提升供给质量、优化供给结构、补短板、去库存来增强供给侧对需求变化的适应性和灵活性，恢复我国经济增长动力。随着供给侧改革的不断推进，各个领域的实践者和研究者开始关注供给侧改革的重要价值。"大众创业、万众创新"的时代，经济和社会发展对高职院校的创新创业教育提出了更高的要求，学习者的学习需求也更加个性化、多样化。然而，当前我国高职院校的创新创业教育难以满足社会和学习者的需求。

为了激发高职院校创新创业教育的发展活力，实现其高质量发展，高职院校创新创业教育应从供给侧入手，优化供给结构，创新体制机制，进而缓解供需矛盾，实现供需的相对平衡，从而提升供给质量和效率。

第一节　高职创业教育的内涵及特点

一、高职创业教育的内涵

（一）创业

1934 年，美国学者熊彼特首次提出创业的概念，此后不同学科、领域的学者们开始对创业的概念进行广泛研究，形成了管理学派、创新学派、社会学派等创业理论流派。但目前关于创业的概念国外学界还未达成共识，对创业概念的阐释当属杰弗里·A. 蒂蒙斯和霍华德·H. 斯蒂文森的观点独具代表性。杰弗里·A. 蒂蒙斯认为创业既是思考、推断、行动的方式，又是创造价值的过程[91]。霍华德·H. 斯蒂文森指出创业是发现和获取机会的过程[92]。二者对创业下定义的侧重点不同，前者侧重过程，后者侧重人。国内学界对于创业的概念也尚未达成共识。综观学者们的观点，可将创业的定义分为广义的定义和狭义的定义。广义的定义认为创业是具有冒险精神、创新精神等综合创业素质的人发现、识别、利用机会来创造价值的过程。狭义的定义认为创业是创办公司或企业的过程。本研究所讲的高职院校学生创业，是指具有创新创业精神与意识的高职院校学生，利用学校所传授的创业知识与技能等创造价值的过程。

（二）创业教育

1989 年，联合国教科文组织在北京召开的面向 21 世纪国际教育研讨会提出了"事业心和开拓教育"概念,后被译为"创业教育"此后,国外创业教育机构和学者们开始对创业教育的概念进行广泛探究,目前关于创业教育的概念仍未达成共识,对创业教育概念的解释较有代表性的观点如下:美国学者科林·博尔认为创业教育是培育学生的创业素质,使其获得从事创业活动所需的知识、技能和心理品质,是人类应拥有的第三本"教育护照";美国学者杰弗里·A. 蒂蒙斯认为创业教育是为人设定"创业遗传代码",以培养学生的创新精神与意识等创业素质为导向,最终培育出"最具革命性的创业一代"的教育;美国创业教育研究机构考夫曼基金会认为,创业教育是向人传授创业知识、技能,帮助他们寻找、识别、利用机会,进而采取创业行动的动态过程[93]。

国内学者们关于创业教育的定义探究主要可分为如下两类。第一类,广义的创业教育。它认为创业教育是以提升人的创新创业精神与意识等综合创业素养为目标,通过一系列教育方式,培养出具有开创性的人。广义的创业教育更倾向为一种素质教育,认为创业教育是注重培养创业者的创业知识与技能、创新创业精神等创业素质的教育[94]。第二类,狭义的创业教育。它认为创业教育是以培养创业者为目标,通过学校的教学与实践训练,教会学生毕业后如何自主创业的教育,认为创业教育是以创业能力培养为目标,使学生在毕业后能顺利创业的教育[95]。综括相关文献资料,本研究认为创业教育是以培养学生的创业知识与技能、创新创业精神与意识等综合创业素质为导向,通过一系列教育方法与手段,培育出创新创业型人才的教育。

(三)高职创业教育

高等职业教育既属于高等教育,又属于职业技术教育,是职业技术教育的高等阶段。它包括本科和专科两个学历层次,高等职业技术学院(高职院校)属于专科层次的高校,主要有三种类型:本科高校下设的二级学院、独立设置的高等职业技术学院、高等专科学校。本研究所指的高职院校是专科层次且独立设置的高等职业技术学院。高职院校创业教育是指以全日制高职院校在校生为对象,以培养高职学生的创业知识与能力、创新创业精神与意识等综合创业素养为目标,通过一系列教学方法与手段,为高职院校培育出创新创业型人才的教育。高职院校创业教育的内容主要包括创新创业意识的培养、创新创业精神的培养、创新创业品质的熏陶、创新创业能力的训练等方面。

二、高职创业教育的特点

(一)高职创新创业教育强调融合性

创新创业教育是高职教育的应有之义,创新创业教育不能与专业教育对立起来。创业教育的教学模式不能停留在第二课堂活动的层面，创业课程要紧密结合专业课程。要通过教学改革，从第一课堂和第二课堂着手，不断丰富创业教育教学模式。一是结合学科和专业的特点，重构课程体系，既突出专业知识和技能培养，又强调创业知识与创业技能的积累，促进专业学习和创业学习的相互交叉渗透，在专业教育中融入创业教育；改进教学模式，注重学生的参与，鼓励采用启发式、专题讨论式、调查研究式以及开放式的创新创业教育教学新方式。二是开展形式多样、内容丰富的第二课堂活动[96]。根据学生的兴趣爱好，充分发挥不同学生的不同专业特长，强化科技创新、社团活动、学科技能竞赛、社会调查实践等，将其作为第一课堂的有力拓展和补充。三是要解决目前高职创业课程边缘化问题，将创业课程同通识教育课程和专业教育课程有机融合[97]，设立创业必修课，合理设计创业教育课程结构。四是创业教育应该以培养学生企业家精神为目标，创业精神、专业知识、创业能力并重，将创业教育融入专业教育，树立以创新意识、创业能力和意志品质为核心的高校创业教育教学理念[98]。

（二）高职创新创业教育强调系统性

创业教育的开展是一项系统工程，高职院校、政府、行业企业、社会等各方要形成完整的创业教育保障体系，保障创业教育向纵深开展。在健全校内保障体系方面，高职院校自身要提高重视程度，在政策、资金和资源整合上要完善配套，为创新创业教育的开展提供实质性的支持。例如，创业教育专职岗位的设置、学科专业和课程体系的规划和建设、创新创业园区的建设、孵化资金的配套、产学研合作和成果转化的政策扶持和技术支持等。在构建校外支持体系方面，要加强和政府、行业协会的沟通，争取政策支持和资金资助；加大和龙头企业、基金会、行业协会等社会各方的合作力度，寻求技术和资金支持；积极拓宽和创业教育开展效果良好的高校的合作关系，共同交流经验、共享资源，促进创新创业教育有效发展。

（三）高职创新创业教育强调实践性

创新创业教育的最终目的是培养具有创业精神和创新创业能力的人才，而实践才是检验创业教育成效的唯一标准。提高创业成功率，离不开创业实践基地、各类孵化器、案例教学等实践训练环节的普及。实践教学和实践体验是创业教育的重中之重，高职院校务必坚持"通过实践学习知识"的创业教育教学理念[99]，要着力构建并有效利用实践平台，使大学生科技园、校外创业实践基地等高效运转，使之与企业或项目孵化有机结合，组织学生参与教师项目成果转化、设置案例或项目教学、模拟创办企业、制订创业项目培训计划等创业实践与社会实践，保障将实践环节渗透到创新创业教育的全过程。

(四) 高职创新创业教育强调开放性

创新创业教育必须坚持创新与开放并重的理念，要创新，离不开交流与合作，离不开开放。同时高职教育作为衔接职业教育与社会就业的纽带，必须树立开放的理念。只有开放，才能打破高职院校与其他社会资源条块分割的格局，使资源配置能够集中、共享、高效[100]，让创新要素在高职院校、政府、科研机构和企业之间自由流动，使高职院校、科研机构、企业、行业、非营利性机构以及公众的力量真正实现联动，促进政产学研的紧密融合，协同培养创新创业人才，给创新创业发力的支点。高职院校还要在当地政府的协调支持下，积极与区域产业园区、工业园区加强合作，为创新创业型人才投身社会创业提供良好的条件。

第二节 高职创业教育供给侧改革的必要性

一、化解供需矛盾的迫切需要

供给与需求是一对相生相伴的概念，需求催生供给，供给满足需求，新的供给可以创造新需求。在不同的发展阶段，供需矛盾有所不同。新时期，随着需求层次、结构和对象的变化，我国高职院校创新创业教育的供给与需求之间的矛盾主要体现在两个方面。

(一) 资源的有限性与教育机会平等之间的矛盾

高职院校的创新创业教育担负着促进教育机会平等、推动高等教育大众化的职责。当下，人们对教育机会平等的诉求愈发强烈，而高职院校的创新创业教育资源处于不足或有限状态，教育资源无法做到按需分配，教育机会平等难以保证，具体体现在师资不足、教育设施不足、经费不足、内容无法满足需求等方面。因此高职院校的创新创业教育应进行供给侧改革，在尽可能考虑社会需求的情况下，合理分配供给资源，提高供给效率，节约成本，避免资源浪费和无效供给；为学习者提供更丰富、更具针对性的创新创业教育资源。

(二) 高质量需求与中低端供给之间的矛盾

我国高职院校每年的毕业生数量相当可观，供给数量能够满足社会需求，但无效和低端供给大量存在，高职院校的毕业生结构性失业的问题较为严重。问题的出现有人们的学历歧视、观念偏颇等方面的原因，但更深层次的原因在于高职毕业生的创新创业意识、创业能力及就业竞争力不强，高职教育人才培养的社会认可度不高。党的十九大报告指出，我国经济要以创新、协调、绿色、开放、共享为理念，建设现代化经济体系，经济的转型发展需要高质量人力资本做支撑，未来社会对高素质人才的需求会更加旺盛,学习者需要高质量、个性化的教育;企业更加看重员工的创新创业、团结协作及继续学习等能力。当前高职院校的创新创业教育的供给质量无法满足社会和学习者的需求,导致供需矛盾加深。面对这一矛盾,高职院校需要从供给侧的人才培养出发,提升供给质量,顺应社会人力资源强国建设的现实需求,满足学习者的高质量教育需求,积极缓解供需之间的矛盾,在创新型社会的建设中承担自己应尽的职责。

二、提升高职院校核心竞争力的现实要求

20 世纪 90 年代末以来,高等教育大众化进程逐渐加快,高等教育资源的稀缺状况逐渐得到缓解,阶段性学校教育已无法满足学习者终身学习的需求,用新技术改变教育已成为趋势。高等教育正逐渐打破围墙,走向终身化、泛在化、普及化[101]。高职教育的市场竞争日趋激烈,然而当下高职院校的发展存在诸多积弊,其核心竞争力不强,阻碍了高职院校创新发展的步伐。第一,在办学类型、培养模式、课程设置方面,高职教育存在同质化现象,学科专业设置重叠,人才培养模式与普通高等教育存在过多重合,高职教育办学特色不明显,在市场竞争中逐渐失去优势。第二,在教学方法上,部分高职院校还是以教师为中心,学习者缺乏自主探究和意义建构,学生的实践练习机会较少,师生间缺乏互动交流,教学效果不佳。第三,在教育内容上,高职院校的教育内容难以满足学习者对优质学习资源、个性化供给内容、创新性和特色化供给内容的强烈诉求。第四,在办学理念上,在市场经济的熏染下,目前部分高职院校对办学定位的认知存在偏差,为了经济效益,盲目扩大招生规模,忽视特色教育和个性化教育。第五,高职教育缺乏规范的监管体系,政府干预不到位,社会监管缺位,各个管理部门缺乏协调。

21 世纪国与国之间的较量实质就是人才与科技的竞争。由此可以预测,在未来高职院校的竞争中,学生的创业精神、创新能力、创业品质将成为高职院校核心竞争力的重要指标。所以,为了克服自身发展积弊、提升自身的核心竞争力,实现可持续发展,仅仅考虑需求侧是不够的。高职院校应以创新创业教育为着力点对供给侧的相关要素进行规划和调整,对供给侧的教学、课程、师资、体制机制等要素进行重点改革,对陈旧的专业和课程进行改造和更新,淘汰无效低质供给,提高资源利用率,逐步由"粗放型发展"转为"高效集约型发展",提高教育质量与效益,为高职院校实现创新性变革、提升核心竞争力提供方向性指导。

三、激活高职院校发展动力的应然选择

信息技术与科技发展将人类推向了知识经济时代,创新成了时代的主旋律,知识经济时代需要大批具有创新精神、创业意识的人才。然而一些高职院校为了追求自身利益,忽视了学习者自身的发展,供给单一僵化,教学改革流于形式,创新创业教育脱离了教育的本质要义;部分高职院校对人才的培养仍旧遵循传统的教育模式,导致培育出的人才缺乏创新创业精神与意识,对岗位的胜任力不足,不能很好地跟上知识经济发展潮流,高职院校自身活力不足、体制僵化、发展乏力。

我国经济即将进入工业 4.0 时代,科技的进步将改变高职教育的方式和形态,人的创造性将得到进一步的释放和发挥,生产方式的变革对高职院校人才培养模式提出了新的要求。高职院校需要不断激发创新动力,变革人才培养模式,培养创新创业型人才,实现高职教育价值回归;以创新、协调、绿色、共享、开放、灵活为发展理念,激活发展动力;改变僵化、封闭的教育体制,开拓发展空间,加强与区域行业企业的合作,开放学习资源;改革单一的评价形式和标准,注重过程评价,将创新创业能力作为评价标准的重要部分。总之,供给侧改革能够不断激发高职院校的发展动力,为经济社会建设供给更多高质量的人力资源,使高职院校在知识经济发展潮流中实现创新发展。

四、缓解高职院校毕业生就业压力的客观要求

随着高等教育的大众化,全国普通高校毕业生人数逐年激增,屡创新高。在有限的社会资源下,面对每年如此之多的毕业生,就业形势变得十分严峻。受传统"文凭主义"思想的影响,学历层次远不如本科生、研究生的高职生的就业形势更加不容乐观。此外,随着社会经济结构调整、产业转型升级,人类走进了创新创业的新时代,这些都对高职院校提出了更高的挑战。在"大众创业、万众创新"的时代,单纯具备良好的知识技能的人才已不能适应社会发展的需求,社会需要的是创新创业型人才,企业更加注重人才的综合素养及创新精神。开展创业教育,以创业带动就业,是破解高职院校学生毕业即失业与就业难困局的重要举措。

首先,通过开展创业教育,提升高职毕业生的综合创业素养,培育其敢于创业、勇于创业的精神,使其在未来创业或寻求就业岗位时具备一定的核心竞争力。创业教育的内核在于提高学生的创新创业内驱力,它并不要求每个学生毕业后都进行创业,对于具有创业意向和创业潜质的学生,通过创业教育,让他们具备创业所需要的知识技能和综合创业素养,可以提高创业成功率。对于不具有创

业潜质和打算就业的学生,通过创业教育,能让其具备较强的岗位胜任力与核心竞争力,使之不惧怕就业压力。其次,通过开展创业教育,鼓励高职毕业生进行创业,以创业带动就业,既能解决高职学生自身就业问题,又能衍生出新的就业岗位,达到创业与就业比例双提高,有效缓解高职毕业生就业压力[102]。

第三节 高职创业教育供给侧存在的问题

近年来,在国家高度重视创新创业的时代背景下,高职院校的创业教育也如火如荼地开展起来。但在其发展的过程中,部分高职院校的创业教育存在重形式轻内容、重过程轻效果、教学质量和满意度较低、课程设置滞后、优质的师资力量缺乏、质量评估薄弱等问题,致使高职创业教育的供给质量难以满足社会和学习者的要求,影响了创业教育的声誉和应有的社会效果。

一、供给质量亟待提升

(一) 创业教育课程体系不完善

创业教育课程是创业教育教学得以开展的有效载体,指导着高职院校的创业教育教学计划,在高职院校创业教育教学中发挥着重要作用。美国创业教育高度发达的原因之一在于其具备完善的创业教育课程体系,完善的体系推动了创业教育的发展。目前,我国高职院校尚未形成完善的创业教育课程体系,这已成为阻碍提升高职院校创业教育供给质量的瓶颈,其主要问题体现在如下几个方面。

1. 创业课程设置形式单一

目前,我国高职创业课程内容存在最突出的问题是:创业课程形式单一、内容不系统。创业课程是创业教育体系建设的核心,它对于创业教育的重要性不言而喻。但现阶段我国高职创业课程仍停留在创业通识课程的讲授,部分高职院校没有将创业课程纳入正规的教学体系、教学计划和学分体系[103],创业课程以选修课的形式出现在高职院校的专业课程表上,且可选择的选修课数量较少,选用的大都是创业通用教材,与高职专业特色不相符,内容不衔接,很多创业知识只是泛泛而谈,专业性和深度不够,难以激发学生的兴趣,也缺乏相应的实训和实践课程。甚至有的高职院校的创业教育以大一刚入学开设的"大学生职业生涯规划"课程开始,以临近毕业的就业指导结束。中间偶尔穿插创业技能大赛,且参赛者是一些优秀或在创业方面有才华的学生,大部分学生被排除在外,没有更多的途径了解和接受创业课程的教育和专业学习。更多样、更专业、更有深度的创业专业必修课和专业选修课,亟待开发和严格组织实施。

2. 创业实践课程薄弱

创业实践课程和实训环节的缺乏是制约我国高职院校创业教育发展的又一主要问题。这主要体现在以下几个方面。首先，创业技能大赛、学生创业社区等活动实施范围有限，仅针对少数优秀学生开放，是少数人的实践活动，而不是全校范围的。其次，校内缺少创业实习基地，学生实训机会缺乏。创业课程的实践环节离不开资金、场所、设备等条件的支持，但由于高职院校没有充分认识到创业教育的重要性，在创业硬环境方面的资金投入远远不够，缺乏专门的创业教育管理部门，创业孵化园等实践场所没有建立起来，相应的硬件设施设备缺乏。高职院校在有效整合企业资源、充分利用企业实践基地方面做得也不够，致使学生无法通过实训活动提升自己的创业实践能力，实训环节缺失使创业教育的培养目标难以实现，影响创业课程的实际效果。

一些高职院校的创业知识主要以公共必修课或选修课的形式，并通过课堂讲授的方式传授给学生，创业实训课程多与专业实训课程混杂或不开展，学校安排的实践课程比例很小，与理想的理论课程和实践课程比例持平的水准相距甚远。实践性是创业教育的内在要求和本质特性，实践环节是创业课程最重要的部分，单纯以课程讲授为主的单向灌输方式，无法实现创业教育所要求的，以培养学生创业实践能力为核心的人才培养目标。只有将学生置于真实的创业环境和场所中，使其作为活动主体参与其中，才能让其切实获取和重构创业经验，在活动中提升企业运营能力、组织管理能力、人际沟通能力、危机处理能力等，在实践中才能切实训练学生的创造性思维，培养其创业品质和素养。

3. 创业网络课程资源亟待开发

随着信息技术和互联网的发展，网络及其衍生的各种网络技术和信息获取手段，悄然影响着人们生活方式和学习方式，网络课程资源成为人们获取知识的重要途径和方式。2015年出台的《国务院办公厅关于深化高等学校创新创业教育改革的实施意见》要求各地区、各高校要健全课程体系建设，加快创新创业教育优质课程信息化建设，推出一批资源共享的慕课、视频公开课等在线开放课程。各高校建立了在线开放课程学习认证和学分认定制度[104]。

网络在线开放课程，具有方便快捷的特点，它有利于打破时空限制，使人们获取知识更加便捷、容易。例如，美国社区学院创业课程模块中很重要的一部分就是丰富多样的创业网络课程模块，它为学生学习创业知识提供了更丰厚的资源和更多的机会。而当前我国高职院校的创业网络课程的开发基本还处于初探阶段。相当一部分高职院校很少自行开发符合自身特色和学生个性化的创业网络课程，相关机构也很少开展网络培训和教学项目，学生很少有机会接受网络在线创业学习。开发创业网络课程，创新网络教学方式是时代发展的趋势和潮流，高职院校应顺应国家政策,搭乘互联网时代的便利顺风车,联合企业和其他组织机构开发系统完善的创业网络课程,充分发挥利用网络资源的优势,为有创业意向的学生提供更多创业学习的途径。

4. 创业教育课程目标定位不准确

高职院校存在创业教育课程目标定位不准确的现象。高职院校创业教育课程一般包含两个目标,一个是以丰富学生的创业知识、培养学生的创业技能为主的基础性目标,另一个是以培育学生的创业精神、创业意识等综合创业素养为主的高阶目标。高职院校创业教育课程目标的定位应以基础性目标为支撑,以实现高阶目标为导向,基础性目标与高阶目标相互依存、层层递进。然而部分高职院校将创业教育课程目标仅仅定位于丰富学生的创业知识、培养学生的创业技能等基础性目标,尤其以丰富学生的创业知识为主。对于培育学生综合创业素养的高阶目标,涉及程度不深或将其视为摆设。课程目标是课程实施的导向,若将创业教育课程目标仅定位于丰富知识、培养技能,那么在创业教育课程实施过程中会偏重于创业知识的传授与创业技能的训练,难以培养出具备综合创业素养的创业型人才。

(二) 教学质量评价流于形式,失去实际价值

教学质量评价是对教师教学效果、学习者学习效果、教学环境、教学手段等是否达到预期目标而进行的评价。及时、科学地对教学目标、内容、效果进行评价能够发现教学中存在的问题,及时修正以保证教学质量。一些高职院校并不真正重视创业教育,忽视对创业创新教育质量的评价与管理,对创业教育教学评价环节的管理不规范、不严格。一些高职院校缺乏对教师的严格考核,教师的创业教育教学目标和任务不明确,教学手段单一落后,教学效果无人关注。一些已关注到教学评价环节的学校缺乏科学的教学评价标准,仅仅安排了管理人员进行听课,未关注学习者的满意度和学习效果,对教学环境、教学资源的评价也有所忽视,教学效果不理想,难以反映创业教育实施过程中的深层次矛盾与问题,不利于创业教育供给质量的改善。

(三) 创业教育师资力量不优,制约其供给质量提升

创业教育师资是决定高职院校创业教育供给质量提升的关键与根本保障,直接影响着高职院校创业教育的开展效果。

首先,创业教育师资总量不足。目前,高职院校创业教育师资数量还不能满足实际创业教育教学的需要,主要表现在两方面:第一,校内创业教育专职与兼职教师数量不足,部分高职院校几乎没有创业教育专职教师,大部分高职院校创业教育教师由学校的专业课教师和行政管理人员临时充当,通常由一个教师承担整个年级的创业教育教学任务;第二,校外聘请的创业教育教师数量不足,我国高职院校校内创业教育教师本身就严重匮乏,但高职院校又很少从校外聘请企业家、创业成功

人士等弥补自身数量的不足,从而导致高职院校创业教育师资总量不足。

其次,创业教育师资构成不合理。目前,高职院校缺少专门的创业教育教师,创业教育教学任务一般由三部分人来完成:第一部分来源于校内的行政管理人员,包括就业指导中心的教师、辅导员;第二部分来源于校内的一线教师,包括专业课教师、思政课教师以及公共课教师等;第三部分来源于校外聘请的兼职教学人员。这些教师从事创业教育都面临着未接受过专业的创业教育培训、创业教育理论基础薄弱、缺乏创业经历等问题。

最后,创业教育缺乏"双师型"师资。创业教育综合性、实践性强的学科特性要求高职院校应具备理论与实践并存的"双师型"师资。高职院校严重缺乏既具有深厚的创业教育理论功底又具有丰富创业实践经验的"学者型企业家"或"企业家型学者"。一方面,高职院校创业教育师资的类型主要是理论型,这些教师在创业教育教学中注重理论的讲授,由于他们缺乏创业经验,很难使创业教育理论与实践相结合,因此创业教育教学陷入了"纸上谈兵"之困境。另一方面,高职院校极少数的实践型创业教育教师主要是校外聘请的企业家、创业成功人士,他们只是偶尔以讲座或论坛的形式对学生进行创业教育教学。由于有限的讲座或论坛缺乏系统性与连贯性,加之他们缺乏相关学术背景与教学经验,导致创业教育开展的效果不理想。

(四)创新创业教育同质化现象严重

近年来,国家对高校创新创业教育越来越重视,已经从政策上确定要将创新创业教育贯穿人才培养的全过程。但由于我国高职院校的创新创业教育是由政府主导实施的,造成创新创业教育同质化现象严重,缺乏多样性和适应性。另外,政府对高职院校的创新创业教育实施给出了指导意见和政策支持,但不能深入学校内部具体组织实施。一些高职院校对创业教育的认识不到位、组织不到位、投入不到位,致使创新创业教育产出低,质量发展遇到阻力。

(五)创新创业教育企业参与度低

创新创业教育人才培养需要政府、企业和高校三方紧密合作,共同参与,学界称之为三螺旋合作模式[105]。没有企业的参与和支持,创新创业教育很难达到应有的效果。我国高职院校创新创业教育发展过程中,最大的问题就是企业参与度低,与企业互动少。因为企业与高职院校合作并不是自发行为,双方需要在良好的合作机制下,取得更大利益才能推动高职院校和企业的深度合作。缺乏完善合理的创新创业教育人才培养模式,企业参与高职院校创新创业教育的积极性不高、主动性不强,阻碍了创业教育供给质量的有效提升。

二、供给目标急需明确

（一）创业教育的认知存有偏差

一些高职教育理论与实践工作者及学生对创业、创业教育的认知存有偏差。在对创业教育内涵的理解上，高职院校及学生的认知偏差主要包括三方面。第一，"创办公司或解决就业问题论"，即认为高职院校创业教育是帮助学生开办公司或解决就业问题的教育，将创业教育等同于教学生创建公司或帮助学生解决就业问题，具有功利化倾向，曲解了创业教育真正的内涵。创业教育的真正目的在于通过创业知识的传授与创业技能的训练，进而培育学生的综合创业素养。第二，"相互独立论"，即认为高职院校创业教育与专业教育彼此独立或创业教育是专业教育的补充，时下部分高职院校认为创业教育课程是独立于专业教育外或作为专业教育补充的公共选修课，如职业生涯规划课程、形势与政策课程等。创业教育的核心是培育学生的创业精神、创业意识等综合创业素养，创业精神与创业意识的培养不能凭空进行，需要以专业教育为依托。高职院校将创业教育独立于专业教育或将创业教育作为专业教育补充的做法，割裂了创业教育与专业教育间的内在联系，偏离了创业教育真正的本意。只有将二者相融合，才能实现对学生综合创业素养的培养。第三，"局部受众论"，即认为高职院校创业教育只面向少部分有创业意愿的学生开展，这种对创业教育的认知是片面的，其忽略了创业教育作为教育最基本的要求。创业教育作为一种教育活动，应回归教育的原点，面向全体学生开展，培育全体学生的综合创业素养。

（二）创业教育的目标定位存有偏差

创业教育目标是创业教育的导向，贯穿于创业教育开展的全过程，是开展创业教育的起点与归宿。高职院校创业教育目标可分为掌握创业知识技能的基础性目标与培养创业精神、创业意识等综合创业素养的高阶目标两方面。目前高职院校多将创业教育的目标定位于掌握创业知识技能这一基础性目标，培育学生综合创业素养的高阶目标通常因抽象而被忽略。尽管许多高职院校将创业教育目标定位于培育学生的创业精神、创业意识等综合创业素养，但在开展创业教育过程中多因其抽象性而致虚化，未被践行，使得创业教育目标的定位多聚焦于学生创业知识技能的掌握、创业能力的提升。掌握创业知识技能是必要的，但创业教育的目标不应止于此，高职院校创业教育的核心目标应着眼于学生创业精神、创业意识等综合创业素养的培养。通过创业知识的传授与创业技能的训练，培养学生的综合创业素养，使学生能够乐于、敢于、勇于创业。

三、供给形式单一

首先，创业教育课程的教学方法单一、缺乏针对性。目前，大部分高职院校创业教育课程的教学方法以课堂讲授法为主。课堂讲授法主要以教师和教材为中心，以教师单向传授创业教育理论知识为主，缺乏学生的参与和体验，不能有效发挥学生的能动性与创新性，使学生的创业实践能力得不到提升。此外，高职院校在创业教育课程教学方法的选择上未考虑年级、专业背景等因素，教学方法缺乏针对性。创业教育课程是一门综合性、实践性较强的课程，仅采用单一的课堂讲授法不能实现创业教育课程的目标。因此，高职院校应对现行的创业教育课程的教学方法进行改革，在深入了解学生需求、学生兴趣与专业背景等情况的基础上，采取多元化和针对性强的教学方法进行创业教育教学，以实现创业教育课程目标、改善创业教育开展效果。

其次，创业教育实践欠缺。创业教育实践是提升高职院校创业教育效果的根本路径，能帮助学生形成正确的创业目标与价值取向，锻炼其组织与管理能力、实践操作能力、社交能力等，从而培养其综合创业素养。但高职院校开展创业教育时，过分注重课堂理论讲授，忽略了创业教育实践，致使创业教育理论与实践脱节、学生的创业实践能力低下，最终导致创业教育的开展效果较差。虽然有些高职院校除了通过课堂理论讲授的方式开展创业教育，还通过创业教育实践活动的方式开展创业教育，如举办创业竞赛、创业专题讲座等，但这些创业教育实践活动只是偶尔举办，时间不固定、参与的学生少。此外，通过撰写创业计划书等方式来进行创业模拟、创业竞赛，一方面缺乏具备创业实战经验的教师一对一的指导，另一方面忽略了真实的企业环境千变万化的复杂状况，将创业环境简单化了。缺少创业实践的创业教育实施路径，严重阻碍了创业教育的稳步推进。

四、供给环境尚需优化

（一）创业教育政策落实不到位

近年来，国家与地方政府相继出台了一系列支持高校学生创业的政策，如为高校学生创业减免税收、允许高校学生休学创业并为其保留学籍、简化高校学生申请创业贷款的程序等，但这些政策对高职院校创业教育实际开展效果的影响却很小。因为高职院校对创业教育政策的宣传力度较低、解读不到位，对国家或地方政府出台的创业教育政策的宣传途径较为单一，一般仅通过校园网络等平台对其进行宣传，部分师生不了解这些创业教育政策。还有部分高职院校对国家或地方出台的创业教育政策只是从宏观上进行了简单的解读，缺乏具体深入的解读，更没有组织专门的培训，进而导致高职学生对创业教育政策了解不深入。此外，高职院校对创业教育政策的落实不到位。一是国家或地方政府出台的创业教育政策多属于宏观性指导文件，具体操作的内容较少，高职院校未能制定出具体的实施细则给予配套支持，没有落实政策，高职学生难以得到实实在在的创业支持。二是受传统就业观的影响，高职院校对创业教育不重视，在落实相关创业教育政策时存在"走过场"的现象，创业教育政策的执行力与影响力较弱。

（二）创业文化氛围缺失

浓郁的创业文化氛围对推动高职院校创业教育的发展、促进高职学生的创业实践发挥着重要的作用。创业文化可分为社会创业文化和校园创业文化。社会上与高职院校中未形成浓郁的创业文化氛围，制约了高职院校创业教育的顺利开展。受"学而优则仕"等传统观念的影响，社会上未形成倡导创业、宽容创业失败的氛围。在就业市场上，传统的就业观念依旧是主导的社会文化元素，高职学生的创业积极性容易被打消，使得有创业打算的学生畏惧创业，最终放弃创业，进而阻碍了高职院校创业教育的纵深发展和良性发展。

校园创业文化氛围不浓郁也影响着创业教育的长足发展。在精神层面，高职院校没有将鼓励创业、宽容失败等思想融入办学理念及校园文化建设中，导致创业教育理念不能深入学生的内心，未能发挥文化育人的作用；在物资层面，高职院校创业教育实践基地配套不到位、流于形式，未能给高职学生创业实践提供支撑，阻碍了高职院校浓郁创业文化氛围的形成；在制度层面，由于高职院校较为普遍地存在创业教育管理制度不健全的问题，高职院校未形成良好的创业教育制度文化。

五、供给体系不完善

（一）创业教育外部支撑体系不完善

1. 创业教育资金短缺

美英等国创业教育效果显著，离不开其多种类型的资金支持。发达国家创业教育的发展也启示我们资金是高校开展创业教育需解决的首要问题，充足的资金是高校创业教育顺利开展的基本保障。

而我国高职院校创业教育资金严重短缺，创业教育资金来源渠道狭窄。目前，大部分高职院校创业教育的资金仅由学校提供，缺乏多方资金扶持，学校提供的创业教育资金有限且数额低，不能满足学生创业实践的需求。政府创业教育资金申请困难，除学校提供的创业教育资金外，高职学生还可以向政府申请创业资助，但政府提供的创业资助门槛较高，需要财产抵押与担保，且申请流程烦琐、申请周期长、申请难度较大，即使高职学生有符合创业实践操作条件的创意项目，这些创意项目也往往因资金的缺乏而被扼杀于萌芽之中。

2. 创业教育实践基地配套不到位

创业教育的开展始于理论，最终归于实践，创业教育实践基地是高职学生将创业教育理论寓于实践的"桥梁"。大部分高职院校未能提供足够的创业教育实践基地，无法让学生在接受创业教育过程中进行创业实践，阻碍了创业教育的稳步发展。

首先，创业教育实践基地数量少、类型单一。目前我国高职院校的创业教育实践基地的数量极少，不能满足每位学生创业实践的需求，导致高职学生不能将课堂的创业教育理论知识转化为创业实践，造成创业教育理论与实践脱节。其次，创业教育实践基地流于形式。少数高职院校在校内的创业教育孵化基地和校外的校企合作基地设有专门的创业教育实践基地，但由于缺乏一套完善的运行机制及相关的创业指导教师，高职学生很少在这些创业教育实践基地进行创业实践训练，导致这些专门的创业教育实践基地大都流于形式、有名无实。

（二）创业教育内部管理体系欠规范

高职院校创业教育是一项系统工程，必须通过有效的组织与规范的管理来确保创业教育的理念与方案落到实处。通过调查发现，高职院校普遍存在创业教育管理失序的现象，严重影响了创业教育理念与方案的落实，阻碍了创业教育的发展。

创业教育组织机构缺位。创业教育组织机构能够将与创业教育相关的人、事、物等要素更好地组织与协调起来，从而保证创业教育有效开展。部分高职院校没有明确的创业教育组织机构来负责创业教育的具体开展工作，如有的高职院校创业教育的选修课由教务处与校学生工作部等部门共同开设；创业教育的必修课由创业学院负责开设；创业竞赛由校团委、思政教育等部门负责组织；创业教育讲座和创业论坛等由招生、科研管理等部门负责组织。多部门协作是有效开展创业教育的前提，但如果没有一个明确的创业教育组织机构来牵头，很容易形成各部门各自为政、互不联系的局面，导致创业教育管理秩序混乱，进而影响创业教育的开展效果。

（三）社会支持体系不完善

完善的社会支持体系是高职院校开展创业教育的有力支撑。特别是社会支持体系中企业、校友会等非政府或非营利性组织的支持力度越大，高职院校开展创业教育的热情也会越高涨。当前，我国大部分高职院校创业教育的社会支持体系尚未完善，其中的企业、校友会等力量未被有效利用，导致高职院校创业教育的开展经常陷入困境。

首先，企业在高职院校开展创业教育时未发挥良好的作用。由于高职院校对企业这一资源未有效利用、企业对高职院校创业教育存在质疑等因素，企业在高职院校开展创业教育时发挥的作用很小，大部分高职学生未能走进企业进行创业实践训练，他们学习到的创业理论不能及时应用于实践，致使高职院校创业教育的理论与实践脱节。其次，校友会等非政府组织的力量未被充分利用。国外发达国家创业教育的成功离不开校友会等民间组织的支持，校友会等民间组织为高校创业教育的开展出谋划策，并提供大量的资金支持。而我国高职院校与校友会等民间组织的互动极少，校友会等民间组织对创业教育的认可与支持欠缺。

六、供给制度不健全

（一）创业教育管理制度不完善

高职院校创业教育的顺利开展依赖于完善的制度保障，目前高职院校尚未形成完善的创业教育管理制度，主要表现为三方面。第一，教学管理制度不完善。大部分高职院校对创业教育教学的要求、教学标准、课程管理、教材管理、教学方式、教学内容等都缺乏制度化管理。第二，学生及学习管理制度不完善。一些高职院校的学习制度僵化，如对创业意愿强烈的学生在专业理论学习的管理等方面缺乏灵活性，要求学生必须在规定的时间内修完全部课程，使得有创业打算的学生由于学习制度的限制而放弃创业。第三，创业教育实践基地管理制度不健全。高职院校创业教育实践基地缺乏科学、完善的管理与运行机制，大部分实践基地并未规范运行。高职院校急需制定完善的创业教育管理制度，使创业教育进入系统化管理阶段，以促进创业教育的有效开展。

（二）创业评价制度不科学

科学与完善的创业教育评价制度能有效地调节、激励与改进创业教育教学。受传统教育教学评价体系的影响，目前我国高职院校的创业教育评价体系已不能满足高职院校创业教育纵深发展的需求。高职院校创业教育制度在设计方面存在的问题主要表现在如下几个方面。

首先，创业教育评价指标设计不科学。大部分高职院校将创业成功率高低、创建公司或企业的数量、获得创业竞赛奖项数量等"硬指标"作为评价创业教育效果的指标，对于难以操作的创业精神与意识培养等"软指标"则未合理设计。"物化"的成果产出是检验高职院校创业教育开展效果最直接的指标，但必须意识到，高职院校创业教育的逻辑起点是"育人"而非"谋财"。对于高职院校创业教育来说，培育学生创新创业综合素养的价值要远远高于"物化"成果产出的价值。

其次，创业教育评价方法不合理。大部分高职院校对创业教育效果评价使用量化评价法与结果评价法。量化评价法重即时效果、轻长期效果，结果评价法重结果、轻过程。由于这些方法没有科学考虑高职院校创业教育效果的滞后性、创业教育的开展方式及过程不同等实际情况，有时不能客观地检验出创业教育开展的真实效果。

最后，创业教育评价主体单一。当前大部分高职院校创业教育效果的评价主体以学校的行政管理人员与教师为主导，企业、学生等利益相关者没有实质性参与创业教育效果的评价。

第四节　高职创业教育供给侧改革建议

高职院校创业教育的开展实施是一项系统的、长久的巨大工程。高职院校创业教育的改革不仅需要宏观上的战略引领，更需要微观上的操作指导。过去我国对高职院校创业教育的改革过多关注学习者和社会的需求的变化，忽视教学、师资、课程等供给侧的相关要素；质量下滑、结构失衡、体制机制缺乏创新等问题制约着高职院校创业教育的发展。针对存在的问题，本研究从供给理念、供给质量、供给形式、供给体制机制、供给支撑体系等方面提出了促进高职院校创业教育供给侧改革发展的建议。

一、重塑供给理念，明确创业教育价值

（一）重塑创业教育理念

高职院校创业教育理念，是指高职院校在人才培养过程中对创业教育的内涵、意义等的认知。理念是行动之先导，创业教育理念贯穿创业教育开展的全过程，落后、守旧的创业教育理念必定会导致创业教育的失败。高职院校应构建前瞻性的创业教育理念体系，以促进创业教育的顺利开展。

首先，高职院校应树立以创业教育来服务社会的理念。高职院校应利用与区域经济、企业等密切联系之优势，结合区域经济的区域化及个性化特征，大力推进创业教育的开展。其次，高职院校的管理人员，应树立正确的创业教育理念，将传授学生创业知识与技能的创业教育理念转变为以培育学生综合创业素养为主的创业教育理念，正确认识创业教育的核心在于培育学生的创新精神、创业意识等综合创业素养，创业教育应与专业教育相融合且其对象应面向全体同学；要在教育教学全过程及全校的各项工作中渗透并落实创业教育理念。再次，高职院校的教师应转变传统的教育理念，树立高度重视创业教育、面向未来的新型教育理念。一方面要转变单一的人才培养理念，树立培育学生综合创业素养的复合型人才培养理念；另一方面要转变传统的就业理念，形成创业即为最好的就业的新型创业理念。最后，要教育引导学生树立自主创业的新理念，使学生不再把创业看作缓解就业压力的权宜之计，敢于积极创业、不惧失败，努力实现自己的人生价值。

（二）分阶段明晰创业教育目标

高职院校创业教育目标是高职院校开展创业教育的风向标，贯穿了创业教育开展的全过程，在创业教育的开展中发挥着重要作用。因此，高职院校必须根据不同年级学生的特点分层次地制定创业教育目标。首先，高职院校大一新生一般适应启蒙性目标，将学生传统的就业观念转变为创业观念，帮助学生树立创业理想，培育学生的好奇心、想象力及批判性思维。其次，高职院校大二学生一般适应基础性目标，此类目标定位于学生创业知识与技能的掌握，通过对学生创业知识的传授与创业技能的训练，提升其创业能力。最后，高职院校大三毕业生则适应高阶性目标，此类目标着重于学生创新创业综合素养的培育，不论学生毕业后选择创业还是就业，为了其能够创造性地思考及工作，仅具备一定的创业知识与技能是不够的，高职院校创业教育的终极目标在于将创新创业精神内化为学生的精神品质，使其真正成为学生的思维方式与生活方式，逐步转变为一种创新的内驱力。

二、提升供给质量，实现由量到质的跨越

（一）创新创业教育课程教学方法

创业教育课程具有较强的实践性，传统的以教师、教材为中心的课堂理论讲授法已不适用于创业教育课程的教学。因此，高职院校应对现行的创业教育课程教学方法进行改进与创新，在教学过程中充分发挥学生的主观能动性，引导学生参与教学过程，在采取课堂理论讲授法的同时，还应采取案例教学法、角色扮演法、模拟创业训练等多元化的教学方法，让学生体验到创业的乐趣，激发他们的创业热情，培育他们的创新创业精神。还要对不同年级、专业及不同类型的创业教育课程采用有针对性的教学方法。

在创业课程的教学方式方法方面，要更新以往的授课形式，采用灵活多样的教学方法，注重学生的主动参与性和体验性，将双向互动教学方式引入课程教学，鼓励学生进行讨论、互动和思考，充分调动学生获取创业知识的积极性和内化力，如案例分析时进行小组讨论或角色扮演等，使学生在互动讨论和活动参与中愉快、生动地收获创业知识。

（二）加强创业教育师资队伍建设，提高教学水平

创业教育师资是高职院校开展创业教育的中坚力量，其直接决定着高职院校开展创业教育的成败与否。创业教育实践性、操作性强的独特学科特性，要求高职院校必须具备一支既有扎实的创业教育理论功底，又有丰富的创业实践经验的"双师型"师资队伍。

首先，扩大创业教育师资数量。针对目前高职院校创业教育师资数量严重不足的问题，高职院校应扩大创业教育师资数量。一方面，需大力培养校内创业教育专兼职教师，通过培训、进修、访学等方式，提高创业教育教师的专业化水平，在校内打造一支专兼职结合的创业教育师资队伍；另一方面，要引进校外创业教育教师，高职院校应采用聘任制的形式聘请校外优秀的企业家、风险投资

家、创业成功人士等作为创业教育指导教师,弥补校内创业教育师资在创业实践经验方面的欠缺。

其次,努力打造"双师型"创业教育师资队伍。"双师型"师资队伍要求从事创业教育教学的教师须具备创业教育理论教学与实践指导的双重能力,高职院校要努力提升校内理论型教师的创业实践能力,具体可采取以下两种方式:一是为教师提供去企业挂职的机会,让教师在参与企业生产实践中提升其实践指导能力;二是鼓励教师进行自主创业,积累创业经验,进而更好地进行创业教育教学及创业实践指导。同时,高职院校要提升校外实践型教师的创业教育理论教学能力,可通过定期组织校外实践型教师参加教学技能培训班、创业教育理论培训班等方式,夯实其创业教育理论基础,提升其教学能力,以更好地进行创业教育理论教学与实践指导。

(三)完善质量评价体系,保障教育质量

完善创业教育课程评价体系。高职院校应从评价指标、评价主体及评价方法三方面来构建完善的创业教育课程评价体系。在评价指标方面,高职院校应制定科学、标准的创业教育课程评价指标,对于不同类型的课程要有不同的评价指标,评价指标要条理清楚。在评价主体方面,高职院校创业教育课程评价主体应包括政府、社会、企业、高职院校、教师、学生等所有的创业教育利益相关者。在评价方法方面,高职院校要根据不同类型的创业教育课程选用不同的评价方法,应采取多种评价方法相结合的方式对创业教育课程进行评价。例如,对创业教育理论课程评价时,可采取定性评价与定量评价相结合的评价方法;对创业教育实践课程评价时,可采取过程评价和结果评价相结合的评价方法。

三、丰富供给形式,提高供给效率

(一)通过专业渗透实施创业教育

针对不同专业及学生的特点,将创业课程或创业知识有机地融合到专业课程的讲授中。这既是对传统的课程教授方法的创新,又有利于教师将生动有趣的创业实践案例与艰深无趣的专业理论知识结合起来,为教师的教学实践提供更多的可能性,提高课程的趣味性,激发学生的学习积极性,并在无形中将创业意识和创业理念传达给学生。

高职院校的教师在教学过程中,应根据不同的专业特点和学生的实际状况,将创业知识内容有机地融合到专业课程的讲授中去,通过专业渗透达到传递创业知识、培养创业能力的目的。这对专业任课教师提出了更高的要求。一方面,教师要从思想意识上认识到创业教育的重要性。当前,由于高职院校自身对创业教育的认知偏颇、重视程度欠缺等原因,教师对这方面的认知也存在缺失,教师思想意识上的缺乏必然导致其行为上的不积极和不自觉，教师自身不拥有创业精神自然不可能将创业精神传递给学生。另一方面，传递创业知识、培养创业能力对教师的知识结构提出了更高的要求，任课教师既要有精深的专业水准，又要有创业知识基础，还要有整合这两种不同类别的知识并恰到好处地将其渗入专业课程讲授中去的能力。要在传授专业知识的同时巧妙地穿插与之相关的创业知识，这需要老师有很深的教学功力。因此，优化教师知识结构、提高教师的业务素质和能力在创业教育实践中显得尤为重要。

（二）通过实践活动实施创业教育

创业实践活动课程是高职院校实施创业教育的一种重要形式。创业教育注重实践的内在本质，决定了其人才培养目标的核心在于培养学生的创业实践能力。这种能力单纯靠课程讲授是无法形成的，所以创业教育需要各种创业实践活动的辅助。

一是高职院校可定期邀请与学院合作的企业的总裁、管理人员等以嘉宾或客座教授的身份讲授创业知识，分享交流创业实战经验、管理运营公司的经验、应对危机经验等。通过企业人员与学生的互动，启发学生的创业意识，鼓励学生的创业行为。二是高职院校通过组织创业技能大赛等活动，训练学生的创业思维，磨炼学生的创业精神，提升学生的创业素养和创业实践能力。三是高职院校应积极创建创业实习基地、实训基地，将创业实践课程与专业实践课程相结合，为学生提供与课堂配套的实践演练场所，如科技园、商业孵化器等，使学生在真实的创业环境中，在真实的实训环节中将理论知识运用到实践之中，获得切实的创业体验。这是提高学生创业技能和创业实践能力的根本途径。

（三）通过校企合作开展创业教育

校企合作是高职教育成功开展的关键，它对高职院校创业教育的开展具有重要意义和作用。高职院校要充分利用校企合作的平台和优势，优化整合校企资源，与企业通力合作开展创业教育，联合开发创业课程，充分利用企业实训基地等来训练提高学生的创业实践能力。高职院校可与企业通过创业孵化、创业实践、创业技能教育、创业意识教育等形式协同开展创业教育[106]。

高职院校开展创业教育要积极将企业资源引进校园。可聘请经验丰富的企业管理人员或自主创业成功的企业家等担任兼职教授，丰富优化校内创业师资结构。高职院校开展的创业讲座或创业技能大赛等活动，都可邀请与学院有合作的企业的管理人员担任指导老师和评委，与学生交流创业经验，对学生的创业计划书进行一对一的实践指导，以他们的亲身经历为学生提供建设性的意见。在无形中影响学生的创业意识。高职院校还要积极引进企业科技园、孵化园等入驻校园，为学生的创业孵化项目提供真实的环境和实施基地。

高职院校要让学生和教师走出校园，走进企业。学生要抓住到企业进行创业实习的机会，将自己从学校学到的理论知识运用于实习工作中，在真实的环境里磨炼自己的创业技能和创业实践能力。企业要为高职院校全职教师提供更多的在职培训和到企业实践的机会，提升专职教师的专业素质和实践能力，以使其更好地胜任创业教育工作，做到传递给学生的是实实在在的、专业化的创业知识，而不是纸上谈兵、流于形式，真正做到创业教育言之有物。

（四）通过网络课程开展创业教育

21世纪是网络化时代，高职院校应充分利用网络资源优势，开发完善创业网络课程，更新教育技术和手段，通过网络课程开展创业教育。

首先，高职院校要自行开发设置创业网络课程模块或运用网络课程资源进行创业教育。教师团队可根据专业特点、学生需求及自身的教学经验，开发适合本系或本专业学生的创业课程模块。高职院校同时要争取企业在技术、人力资源、财力方面对创业网络课程的支持，与企业鼎力合作共同开发既适合专业特点和学生个性需求，又体现行业企业特色及最前沿技术技能的创业网络课程，将高职教师精专的理论知识和企业丰富的实践经验结合起来，充分利用各自擅长的领域，联合起来对学生实施创业创新教育。

其次，要建立以高职院校为依托，各方利益相关者广泛参与的全国性、覆盖面大的创业网络合作体系。美国社区学院在创业教育方面的成功就得益于其丰富发达的创业网络课程资源。其覆盖面广、受益面大的创业网络体系使农村、郊区、城市的社区学院，都能实现创业方面的资源共享、技术援助、经费资助，甚至是一对一的辅导，也使社区学院与外部组织的交流和合作更畅通和深入，将节约资源落到了实处[107]。我国高职院校需借鉴其经验，积极寻求各方合作，建立互动合作、覆盖面广、深入各地区的创业网络合作项目，实现资源的共享和各界的交流合作。政府要支持高职院校创业课程的开发和本地网络的建设，为创业网络资源的开发和创业教育的发展提供良好的社会环境氛围和资金支持。

四、创新体制机制，激发供给活力

（一）优化管理制度，推动创业教育纵深发展

高职院校要根据创业教育的特点制定和完善创业教育管理制度。第一，建立完善的教学管理制度，高职院校应通过合理安排创业教育课程、制订科学的创业教育教学计划、构建完善的创业教育教学评价机制等形式，使创业教育教学走向制度化轨道。第二，要创新学生管理制度，对创业教育学习自觉和创业意愿强烈的学生在理论课时的到课率、请假等方面要灵活管理，尽量为高职学生的创业提供最大限度的支持。第三，建立系统、完善的创业教育实践基地管理制度，具体

包括创业教育实践基地的运行方式、使用方式、使用时间等,使实践基地有效运行并为高职学生的创业实践提供支持。

(二)建立健全创业课程学分转换制度,促进不同学习成果的衔接

高职院校创业教育的有效实施还需要在学分和评价管理上予以保障。课程最终的评价考核方式往往影响学生的选择和学习效果。高职院校要想保证创业教育的实施效果就需要建立与之配套的课程服务和学分管理制度。目前,我国大部分高职院校还没有建立起完全意义上的创业课程学分制,只是将创业课程作为公共基础课进行讲授,提供的创业课程数量和种类有限,学生无法根据自身的实际状况自由选择修习内容、修习年限及跨专业选修等。大部分高职院校对学生和教师的创业课程评价考核方式模糊不清,针对学生和教师的相关创业教育优惠鼓励政策和制度建设不够具体化和细致。这些都影响了创业教育的有效开展和学生学习创业课程的积极性。为改善这一现象,高职院校要在管理上予以创新,建立创业教育的配套课程服务和学分管理制度。

一是高职院校要在全校范围内推行创业教育弹性学分制。学生可在一定的限度范围内决定自己修习哪些创业课程,修习的方式,修习的课时、年限等。高职院校应鼓励学生跨学科学习。对于那些确有创业才华和兴趣,而且想深入学习创业知识的学生,高职院校应根据其实际学习情况允许其选择提前还是推迟毕业时间。二是将创业学分纳入专业课程学分体系中。高职院校可根据院校实际情况,合理安排一定数量的创业必修课和创业选修课,学生可根据自己的专业特点和知识结构,自由选择适合自己的创业课程,修满相应学时并且考核合格后可以获得一定的学分,所获学分超过学院规定的创业课程学分硬性标准后,可将其多修的创业学分纳入专业学分中以抵其他课程的学分。三是鼓励学生参加创业技能大赛、创业实习、创业项目孵化等有利于提升学生实践操作能力的创业实践活动。凡是参加有利于提升学生创业技能和创业实践能力的学习活动,都可获取学分,学生可凭此申请免修相应课程或作为平时成绩计入相应课程的评估中。四是允许学生分段完成学业,在创业教育课程考核时,可用高质量的创业成果来免除考试,并能获得相应的成绩及学分。

五、完善供给支撑体系,增强供给效果

(一)加大创业教育政策宣传与落实力度

高职院校应加大创业教育政策宣传与落实力度。首先,在创业教育政策宣传上,高职院校应拓宽创业教育政策宣传的路径,采用"线上+线下"宣传的形式对创业教育政策进行广泛宣传。"线上"宣传包括:开发创业教育政策微信公众号定期向全校师生推送创业教育政策相关信息;在校园网上定期发布创业教育

政策相关信息等。"线下"宣传包括：在学校的教学区域及学生的生活区域以张贴海报、放置展板等形式对创业教育政策进行宣传；要成立专门的创业教育政策宣传小组，负责创业教育政策的定期宣传，组织专家举办专题讲座解读创业教育政策等活动。其次，在创业教育政策落实上，高职院校应明确创业教育政策具体的落实单位与任务，在落实过程中实行追责制，切实落实创业教育政策，杜绝一切"走过场"行为；制定具体的实施细则并给予配套支持；建立创业教育政策监管机制，对创业教育政策的落实情况进行动态监管。

(二) 营造浓厚的创业文化氛围

浓厚的创业文化氛围能潜移默化地促进高职院校创业教育的发展。目前，社会上与高职院校中的创业文化氛围都较为淡薄，亟需在社会上与高职院校中营造浓厚的创业文化氛围，以充分发挥文化育人的作用。

首先，社会上要营造良好的社会创业文化氛围。全社会要形成鼓励创业、宽容失败的创业氛围，创业理念应成为主导的社会文化元素；政府层面要通过出台一系列创业政策来营造良好的社会创业文化氛围；相关行业协会、社会创业教育基金会等公益性社会组织要通过免费的创业培训、创业大赛等营造乐于创业、敢于创业、鼓励创业、以创业为荣的浓厚社会创业文化氛围。

其次，高职院校要积极营造浓厚的校园创业文化氛围。在精神层面，应将倡导创业、鼓励创新等思想融入办学理念及教育教学中，使创业教育理念深入教师及学生的内心。例如，可依托创业教育系列活动、讲座、论坛、校园媒体等，来营造校园创业文化氛围。在物质层面，高职院校要大力建设创业教育孵化基地、校企合作基地、创业园等创业教育实践平台，建立产学研一体化运行机制，让学生在大量的创业实践中营造校园创业文化氛围。在制度层面，高职院校应建立健全并实施创业教育相关制度，形成良好的制度文化。

(三) 完善创业教育资金扶持体系

资金短缺是阻碍高职院校创业教育顺利开展的首要问题，社会各界要加大对高职院校创业教育资金的扶持，以满足高职院校创业教育发展对资金的需求。各级政府要加大对高职院校创业教育资金的扶持力度，增加对高职院校创业教育的财政支出，逐步构建完善的创业教育资金扶持体系；在制订创业教育扶持计划时，要考虑高职院校学生的特点，最大限度地为高职院校学生申请创业资金资助提供便利，如政府要通过降低创业资金资助的申请门槛、简化申请流程、缩短申请周期，为符合创业要求的学生减免创业贷款利息等手段，尽可能减轻高职院校学生的创业负担。

高职院校要积极争取社会公益性组织、企业、校友会等非政府组织对创业教育资金的扶持。第一，由政府牵头，吸纳社会各方力量设立大学生创业教育基金、创新创业基金等,以资助高职院校开展创业教育;第二,高职院校要努力通过校企合作的方式,向企业寻求创业教育资金扶持;第三,高职院校要充分利用校友会等资源,一方面可争取创业教育资金扶持,另一方面鼓励他们支持母校创业教育的开展及母校学子的创业实践。

(四) 强化创业教育实践基地建设

创业教育实践基地是高职学生将创业教育理论转化为创业实践的载体,也是其完善创业知识结构、积累社会经验的重要实践场所。针对大多数高职院校创业教育实践基地配套不到位、流于形式等问题,高职院校要想办法增加创业教育实践基地的数量,保证每个学生都有进入基地进行创业实践训练的机会。高职院校可利用与企业合作这一优势,在校外建立校企合作基地、校外公司实习基地等,在校内建立创业教育孵化基地、创业园等,尽量满足不同年级、不同专业学生的创业实践需求。创业教育实践基地的主要功能要用于学生的创业实践,而不是为毕业生的专业实习服务。

高职院校应构建完善的创业教育实践基地运行机制,提高创业教育实践基地利用率。一方面要建立完善的创业教育管理制度,规范基地的使用规则、开放时间、实施对象等;另一方面要配备专门的创业实践指导教师,为学生的创业实践提供专门化、针对性的指导,教育引导学生进行创业实践训练,以保障创业教育实践基地有效运行。

第七章　高职教育校企合作供给侧改革

第一节　供给侧改革背景下的高职校企合作现状

一、供给侧改革下校企合作办学的内涵

供给侧结构性改革要求"在适度扩大总需求的同时，着力提高供给质量和效率，增强经济持续增长动力"，其实质是"强调在供给角度实施结构优化、增加有效供给的中长期视野的宏观调控"。当前我国的校企合作办学是由政府、职业院校和企业三个不同的利益主体所构成的统一体。若以供给侧改革理论来看待校企合作办学所出现的法律保障不健全等一系列问题，其实质是供给侧无法满足需求侧所导致的不平衡问题。因此，供给侧改革理论下的校企合作办学的内涵是指通过加强政府的政策供给（法律法规、体制机制、税收政策）满足职业院校和企业合作办学的需要；通过提高职业院校人才培养质量、加强成果转化和社会服务来满足企业的需要；通过优化政府、职业院校供给侧的结构来提升校企合作办学的成效，从而满足推动经济发展、充分就业和实现科技创新等社会发展需要。这样就形成了政府和职业院校、企业以及职业院校和企业，两个相互关联又彼此独立的闭环。若是以政府为供给侧就是要求政府在法律法规、体制机制和税收减免等方面加以改革，满足作为需求侧的高职院校和企业的需求，为校企合作办学创造更加优越的社会大环境；若是以职业院校为供给侧，就是要求职业院校在学生、就业和服务等要素上加强建设，满足需求侧的企业的需要。这个系统的"核心要素是职业院校和企业，其外部环境包括市场、政府、中介机构乃至社会大环境"。

校企合作一词有着广义与狭义之分。广义的校企合作是指教育机构与产业界在人才培养、科学研究、技术服务和文化传播等领域开展的各种合作活动。这里的教育机构包括各级各类学校。狭义的校企合作是指职业院校与企业在培养技术技能型人才的过程中进行协同育人的合作活动。《职业教育法》规定的校企合作应是狭义的校企合作。其中，校企合作中的"企"，是指企业等用人单位；而"校"限定为中等和高等职业院校；校企合作的内涵限定于校企合作育人，育人是校企合作的本质目标。

二、当前高职教育校企合作现状分析

(一) 企业层面的校企合作现状

校企合作质量是指对校企合作活动的测量、表征与评判,是校企合作活动满足学生、企业、教师、教育管理者、政府、家长等各方参与者的需要的程度。校企合作具有多元参与的特征。利益相关者理论本来是分析企业应承担的社会责任的对象和内容的框架,美国战略管理专家弗里曼(Freeman)等学者认为,企业不仅仅要为股东和运营者赚取利润,同时还应兼顾所有与企业相关联的群体的利益,承担必要的社会责任是企业的本分。企业合理的愿景必须综合平衡考虑企业的诸多利益相关者之间相互冲突的索取权,他们可能包括管理人员、工人、股东、供应商、分销商、债权人、监管者、政府、社区等。在教育研究领域,该理论被用来剖析教育活动多方参与者的权利、利益和责任,诊断教育管理实践中存在的弊端。校企合作涉及多个性质不同的组织机构,每一种机构都期望能从校企合作活动中获得预想的利益。因此,利益相关者理论是分析校企合作的利益结构的适用框架。依据该理论,学生、学校、企业、政府、行业协会、家长、社会公众等均是校企合作的利益相关者。

1. 企业参与校企合作的目的与形式

大部分企业参与校企合作的主要目的是招聘合格的新员工,也有些企业是为了暂时解决一线员工短缺的问题。除了招聘新员工之外,其他的目的都不明显、不重要。企业希望通过校企合作招聘与培养优秀的人才,但当前的校企合作实践还不能很好地达到这一目的。企业参与校企合作的主要形式是接受职业院校的学生来顶岗实习,以及接受职业院校的教师到企业进行观摩、学习、锻炼。其他的形式,如派遣技术人员到职业院校授课、在职业院校内开设工作室或工作坊、为学校提供一些设施设备等等,要么不够普遍,要么意义不显著。企业参与校企合作的人员一般包括如下几类:第一,企业负责人,代表企业与职业院校协商合作事宜,并签订合作协议;第二,企业中层管理人员,主要是人力资源部门的管理人员,负责校企合作的管理事务;第三,企业资深员工,担负指导学生或给学生上课的任务。

2. 企业对校企合作的态度与满意度

企业是否有参与校企合作的强烈意愿受企业规模和行业性质的影响较大。规模较大的企业、外资企业以及需要大量一线员工的劳动密集型企业,如制造类企业等,对校企合作通常积极主动;而小微企业由于规模小,需要员工少,而且担心参与校企合作会增加成本支出,对校企合作的态度比较消极。态度积极的企业也会对校企合作有所投入,如对顶岗实习的学生会支付比较合理的报酬。同时,对前来该企业实习的学生会有比较规范、周密的计划安排,也乐于接受来该企业锻炼的高职教师。参与校企合作的企业总体上对校企合作的效果比较满意，认为对招聘一线合格员工有一定帮助，部分顶岗实习的学生留在了这类企业工作。

3. 企业对职业院校和政府的建议

企业一般并不要求职业院校教学以训练学生的特定岗位工作技能为唯一任务，他们认为由企业进行具体的岗位工作技能培训效果会更好。企业希望学校教学更关注学生的文化基础知识、道德、价值观等方面的教育。

有些企业认为政府在校企合作方面没有很好地发挥协调、指导、支持、监督、咨询的作用，对企业开展校企合作的帮助有待加强。政府虽然制定了对参与校企合作的企业的经费补助等政策，但企业要得到经费补助比较困难。一些企业不知道这一政策，没有申请经费补助。还有些企业认为对于企业与职业院校的合作，政府部门没有进行牵线搭桥、协调沟通的工作。政府制定的一些政策，如参加实习的学生必须年满18周岁、不得要求实习生加班等，虽然是出于保护学生的目的，但不切合企业的实际情况，有时反而成为阻碍校企合作的因素。

4. 企业对职业院校师生的认知

对在企业顶岗实习的学生，大部分企业表示满意或基本满意，认为大部分学生经过培训能够胜任岗位工作。大部分职业院校的学生通过校企合作实践进步很大。存在的主要问题包括：首先，企业担心学生的安全，希望有相关的法律保护企业和学生的利益；其次，企业需要敬业爱岗、勤奋努力、吃苦耐劳、服从安排的学生，但少数学生怕吃苦，在职业道德方面的素养达不到企业的要求。企业与合作学校的教师互动较少，停留在一起保证学生实习顺利进行的层面。企业希望职业院校教师能在开发新产品、新技术方面给予帮助，但这方面实质性的合作与成果还比较缺乏。

5. 企业具体参与人员对校企合作的态度

企业的相关管理人员对校企合作的态度比较积极，认为这是他们常规的管理工作之一，有时相关主管部门和企业管理层还要对这项工作进行考核；部分管理人员还能够获得成就感，如取得进步的实习生对他们怀有感恩之心。但一些资深员工和技术人员的态度不够积极，认为校企合作增加了他们的工作量，而且得到的报酬不足以补偿他们付出的劳动。也有部分资深员工担心把技能毫无保留地传授给学生，将来会对自己的工作造成威胁。企业员工对校企合作的态度呈现两极分化的状况，一些人比较支持，如管理人员，考虑到企业未来的发展对人才的需求，会希望通过校企合作为企业的未来发展提供更多更好的选择；一些一线员工可能会抱着事不关己的态度；极少部分人感到有威胁，有"教会徒弟饿死师傅"的担忧。

(二) 学生层面的校企合作现状

1. 学生对校企合作的态度

学生是校企合作最基本的主体。为真实了解职业院校学生参与校企合作的态度，本书作者组织相关研究人员 7 人对 3 所高职院校的学生进行了问卷调查，发放问卷 5 700 份，收回有效问卷 5 610 份，调查对象的年龄分布在 17~21 岁之间，年级以大学二年级（占 82.5%）为主，专业分布比较广，覆盖了 30 余个专业。调查结果表明，职业院校学生对参与校企合作的态度总体上是积极的，79.7% 的学生都表示对参加各种校企活动充满期待，仅 5.6% 的学生期待程度较低。大部分学生对自己在校企合作中的表现持肯定态度，95.6% 的学生表示可以胜任企业分配的工作，93.7% 的学生能够遵守企业的规章制度，85.1% 的学生熟悉企业工作的要求、流程、环境和制度，78.3% 的学生表明参与校企活动时制定了明确的目标并最终实现了目标，76.5% 的学生表明在校企活动结束后写过总结，82.6% 的学生对自己在校企合作活动中的表现评价较好，79.1% 的学生认为校企合作活动提高了自己与他人交流、沟通的能力，70.1% 的学生认为校企合作活动提高了自己的实际工作能力，65.3% 的学生认为校企合作活动提高了自己发现、解决问题的能力，61.2% 的学生认为校企合作活动促进了其对所学专业知识的理解，51.7% 的学生认为校企合作活动提高了思考能力，还有 10.5% 的学生认为校企合作活动提升了自己其他方面的能力。可见，校企合作是职业教育人才培养极为重要的途径与方式，能有效地发展学生适应社会和企业环境、企业文化的能力，能培养他们的实际工作能力，也能促进其对理论知识的理解和学习。

2. 影响学生参与校企合作活动的因素

虽然学生对参与校企合作活动总体上满意，但仍有一些因素制约了学生参与校企合作的积极性。这些因素主要包括：报酬太低（占 65.2%），工作单调、太枯燥（占 50.9%），工作太累、时间太长（占 45.3%），工作与所学专业联系不紧密、对专业学习帮助不大（占 37.6%），对现在岗位上的工作没兴趣（占 30.1%），与企业管理人员或同事相处不愉快（占 23.7%），不适应企业工作环境和条件（占 26.1%），企业的规章制度太严格、呆板、不自由（占 15.6%），其他因素（占 7.5%）。

3. 学生对提高校企合作质量的建议

对于如何提高参与校企合作的满意度，学生提出的建议主要包括以下几个方面：一是企业提高实习报酬。一些学生反映部分企业付给实习生的报酬过低；二是学校尽量安排学生到与所学专业联系紧密的企业实习；三是企业减少学生工作时间；四是学生实习的工作内容与工作强度应与企业正式员工有所区别，结合学生实际安排工作量，不要太劳累；五是改善实习工作环境；六是企业加强企业正式员工，尤其是指导师傅与学生的交流；七是学校组织学生去知名度较高、管理较规范的大企业实习；八是企业多提供学生寒暑假自愿实习的机会；九是学校的领导与带队老师应定期或不定期地了解学生实习情况，了解学生在实习单位的状况，同时学校也可以为学生在企业的实习争取更多的福利；十是企业要安排贴合学生实际的讲座，要注意激发学生的兴趣，而且要与学校的专业课程相匹配，着眼于学生的专业提升与长远发展。

（三）教师与学校管理者层面的校企合作现状

1. 教师对校企合作的态度

大部分职业院校教师认可校企合作的价值和重要作用，认为参与校企合作可以获得实际工作场景中的真实案例，有利于在校企合作实践中锻炼和提升自我，从而有效提高自己的课堂教学效果与教学质量。所以，他们能主动利用或创造各种条件，全身心地参与到校企合作活动之中。然而，也有极少数思想保守、不思进取的教师没有真正参与到校企合作活动之中，马虎应付。一些职业院校虽然对于教师下企业活动有着明确规定，但考核流于形式，仅仅在教师评职称的条件中对此有相关规定，平时对教师下企业活动疏于检查和监督。由于监督缺位，极少数教师根本没有参与企业的工作，仅仅在每次下企业活动结束时请企业管理者在考核表上盖章，证明"参与"了企业的活动。这影响了校企合作活动的应有效果。

2. 教师参与校企合作存在的问题

第一，教师下企业的时间较短，由于一些职业院校没有安排足够的时间让教师参与校企合作实践，教师难以真正参与到企业的生产活动中，往往是刚熟悉情况就走了，第二年再来又生疏了。第二，教师参与企业的生产活动浮于表面。一些教师在企业中仅仅是观察生产活动或生产流程，不会亲自动手操作，缺乏深刻的认识与体会。企业出于安全或教师身份等考虑，也不安排教师真正从事生产活动。有时教师希望通过企业实训真正接触到技术方面的最新资讯和资料，但部分企业只安排老师参观，有点走马观花的意味，意义并不是很大。第三，职业院校对教师下企业活动的组织与支持力度有待加强。一些学校虽然设立了校企合作与就业指导处等机构负责校企合作工作，但教师还是需要利用自己的社会资源建立与企业的联系。有的企业可能比较认可某位教师，而不一定会认可其所在的学校。

3. 学校管理者认为校企合作遭遇的主要困难

大部分职业院校领导者和有关管理人员在理论上非常重视校企合作，认为校企合作是提高职业院校教育教学质量与学校竞争力的关键环节之一，培养能够满足企业真实需要的人才是校企合作的主要目的。许多领导者和管理人员通常能从工作中获得成就感。在学校层面，管理者认为校企合作遭遇的主要困难有三点。其一，对学生的安全管理。其二，难以找到具有强烈合作意愿的企业。学校是教育部门，会把学生的发展与利益放在首位，而企业必然会追求自身的利益。如何协调二者的关系，是校企合作需要长久面对的深层次问题。一些重视人力资源再生产和长远发展的企业比较热衷校企合作，但一些规模比较小的、层次比较低的民营企业，参与校企合作往往是出于招收廉价劳动力的目的，对校企合作比较冷淡，也很难开展真正的合作。其三，政府对校企合作有专项经费支持，但缺少针对企业的、有激励作用或约束力的政策。因此，学校通常对校企合作积极主动，但部分企业对此缺乏热情，校企合作存在"校热企冷"的现象。

三、从供给侧角度分析高职教育校企合作结构性问题与成因

（一）制度需求供给不足，缺乏有效供给

影响校企合作质量的供给侧因素主要包括顶层制度设计和制度实施者。从新制度经济学视角看，制度是一系列被制定出来的规则，包括国家规定的正式制度、社会认可的非正式制度和实施机制。实施者负责对校企合作制度的理解、贯彻、实施，建立合作关系、开展文化交流、推动合作运行、实行过程监督管理和结果评价。从国家制度设计层面，国家对校企合作法制化需求供给不足，缺乏法律依据。1996年制定的《中华人民共和国职业教育法》对校企合作仅作一般性要求，未把校企合作明确为一项基本法律制度，这会导致签订校企合作协议难以规范、履行协议难以监督、合作成效难以评估、评估结果难以奖惩。校企合作无法可依，必须对校企合作和其涉及的权、责、利有明确的规定。从地方政府制度设计层面，作为职业院校、企业管理实施主体的地方政府应该制定促进职业教育发展的配套制度，如制定《职业教育校企合作促进条例（办法）》《职业学校教师企业实践实施办法》等制度，明确校企"双主体"参与职业教育的责任、义务和应该享受的权益。从企业管理制度设计层面，由于教育主体法律地位仍不明晰，自身利益需求无法保障，导致企业参与职业教育内生动力不足，急需地方政府进行激励制度设计，调动企业参与职业教育的积极性。企业也应尽快制定鼓励职工参与校企合作的管理制度、激励制度、培训制度。职业教育校企合作非正式制度包括一系列文化认知因素，如价值信念、文化传统、伦理规范、风俗习性、意识形态等。

目前，校企合作非正式制度明显缺乏，主要表现在：以职业院校为本的合作模式，企业缺乏责任意识和育人意识，尚未形成自由自觉的校企合作育人文化，社会缺乏对高职教育校企合作认同感。校企合作多方主体对校企合作的价值期许不同，进而产生合作上的冲突和矛盾。实施机制是使制度能够正常运行并发挥预期功能的配套制度。一是校企合作横跨教育制度和企业制度，需要制度融合，多个部门参与和多级管理体制导致监督机制不顺畅、主体责任不明确、制度执行逻辑纠缠在一起。二是推动校企合作制度正常运行的财政支撑体系不健全，即激励

机制不足使得教师、职工、学生参与校企合作积极性不高。三是校企合作周期短，未建立校企合作长效机制。由于长效机制是随着时间、条件的变化而不断丰富、发展和完善的，所以有必要建立长效机制。校企合作结构性问题的根源在于缺乏与需求端相适应的有效制度供给，难以满足约束和管理职业院校与企业合作育人需求。

（二）尚未建立新型与深入的校企合作关系

从组织合作理论的视角看，校企合作本质上是企业和学校两个属性各异的社会组织的合作问题，高职教育校企合作必须以企业作为教育主体参与人才培养的整个过程。但是，企业参与职业教育积极性不高，不能形成良好的校企合作关系。从供需关系的视角看，校企合作涉及政府、行业企业、学生、教师、员工等利益相关者，这些主体之间其实是一种互为供需的关系，是一种需求与供给的"命运共同体"。首先，创造相互理解、彼此信赖、互相支持的良好气氛是有效合作的重要条件，也是合作能顺利进行的前提。其次，信任是建立校企合作关系的基础。有了信任，才能建立起组织成员间、组织成员与组织间确定的合作关系。由于缺乏制度供给保障，尽管出现了多种形式的校企合作，如职教集团化办学，涉及建立学校之间、学校和企业之间的合作关系问题，但这种合作关系是不稳定的。校企合作多元主体应是互相依存、命运相连的紧密关系，但实际上却处于一种缺乏广度与深度的松散的合作状态。

（三）校企文化对接错位，融合亟待深化

文化要素在高职教育校企合作供给结构中发挥着重要作用，只有提高劳动者职业素质，培养劳动者"劳模精神"和"工匠精神"，才能使其对高职院校、企业感恩，对就业企业忠诚。《高等职业教育创新发展行动计划（2015—2018年）》已提出要充分发挥校园文化对职业精神养成的独特作用，推进优秀产业文化进教育、企业文化进校园、职业文化进课堂。从根本上来说，在校企合作中，高职院校与企业两者之间的文化理念、战略、认同存在着矛盾，存在着较大的冲突。在属性、就业、定位、时空层面，高职校园文化与企业文化错位的现实明显地表现在高职教育中。缺乏文化结合的校企合作是肤浅的、表面的，难以有效解决供需结构性失衡问题。

（四）政府责任缺失

当前高职教育校企合作实践中存在着"高职院校一头热，企业一头冷"的不协调局面。造成校企合作存在问题的原因是多样的，但政府责任的缺失是其主要原因之一。当前政府在职业教育校企合作中落实其责任时存在的问题主要有以下几个方面。

首先，权力不明。各级政府有时对校企合作的认识不足，对其重要性和必要性认识不充分，缺乏自身的主导意识，对校企合作缺乏路径建设经验。法律制度层面未明确规定各级政府部门在校企合作中的权力，未明确政府的职责和分工，权力不明；政府颁布的相关政策法规缺乏沟通激励机制和保障措施，缺乏行之有效的制度，尤其是对行业企业组织缺乏约束机制；政府部门责任边界不清，权力规划不明确。

其次，政府责任不清晰。参与校企合作管理的各级政府职责分工不明确，管理权限不清晰，存在多头管理的混乱现象。中央政府和地方政府在层级管理上有时存在传达不准确的问题，导致一系列政策、法规的制定缺乏科学性和针对性；同级政府不同的管理部门间存在着不配合或配合程度不高的问题，导致对校企合作的管理缺乏一致性；校企合作管理中各部门间职能"缺位""错位"现象存在。

最后，政府对职业教育的校企合作缺乏有效监督。政府作为合作的主导应该承担起对职业教育校企合作的监督评价职责，但较之国外行业组织等参与的多方监督评价机制，我国政府未能引进多方评价监督机制，评价主体单一，社会化评价监督机制不健全，行业参与度非常低。政府缺乏对校企合作过程、合作效果的关注，未能有效履行其自身对校企合作运行过程的调适、运行机制的健全、运行结果的监督评价等职责。

第二节 我国职业教育校企合作发展的考察

产教融合、校企合作是职业教育性质的外在表征，是职业教育的基本形态。职业教育发展史，其实就是一段产教融合、校企合作的理念和实践不断创新的历史。产教融合、校企合作是职业教育发展创新的主线。

一、产教融合、校企合作是对我国职业教育发展经验的高度凝练

中华人民共和国成立后，在国家经济困难的条件下，我国创造性地提出了职业院校试办工厂或农场、学生半工半读的主张，并将其制度化。1958年5月，我国提出了实行"两种教育制度、两种劳动制度"的主张，并将其作为"国家制度"。从当时的政策主张和实践中可以看出，半工半读的学校教育制度和半工半读的工厂劳动制度，是经济困难时期及计划经济体制下发展职业教育及更好更快地培养技术技能人才的必然选择。

改革开放后，我国在经济社会领域进行了前所未有的改革，不仅对经济各领域发展产生了重要影响，也对职业教育模式提出了变革要求。这种变革主要体现在：从改革开放初期的行业办学为主、企业办学为辅、地方实施多种办学的体

制，转变为地方办学为主、行业企业办学为辅，职业教育产教融合，校企合作关系从紧密走向松散。而随着社会主义市场经济体制的建立和完善，经济的快速增长以及企业的发展壮大对职业教育办学与人才培养的适切性又提出了新要求，要求职业教育发展同经济社会发展需要密切结合，职业教育人才培养与行业企业需求密切结合，走产教结合的路子，使学生在实践中掌握技能。

进入21世纪，我国经济社会发展进入了一个新的历史时期，职业教育也迎来了新的挑战和发展机遇。2002年印发的《国务院关于大力推进职业教育改革与发展的决定》、2005年印发的《国务院关于大力发展职业教育的决定》和2010年印发的《国家中长期教育改革和发展规划纲要（2010—2020年）》对职业教育的管理体制、办学体制和人才培养模式做出明确部署。至此，我国在职业教育发展战略上，在社会层，把职业教育纳入经济社会发展和产业发展规划；在管理层，实行"在国务院领导下，分级管理、地方为主、政府统筹、社会参与"的管理体制，采取"政府主导、行业指导、企业参与"的办学体制；在教学层，则"大力推行工学结合、校企合作的培养模式"。

2012年11月8日，党的十八大提出"加快发展现代职业教育"，职业教育被摆在更加突出的位置。2013年11月12日，《中共中央关于全面深化改革若干重大问题的决定》从国家发展全局的战略高度确立了未来一段时期我国发展现代职业教育的总体规划和重要方向，即"加快现代职业教育体系建设，深化产教融合、校企合作，培养高素质劳动者和技能型人才"。由此，职业教育模式被高度凝练为"产教融合、校企合作"，从宏观到微观，从顶层设计到具体实施，"产教融合、校企合作"这一深化职教改革创新的逻辑主线越发清晰。

二、新时期职业教育产教融合、校企合作被赋予重大历史使命

服务产业发展、促进就业，是职业教育必须牢牢把握的办学方向，也是职业教育产教融合、校企合作的发展方向与目标定位。中国经济发展已进入换档升级的中高速增长时期，推动中国经济向全球产业价值链中高端升级，推动"中国制造"从"合格制造"变成"优质制造""精品制造"，需要加快和精准培育大批具有专业技能与工匠精神的高素质劳动者和人才。新时期国家明确提出，要把职业教育的重要意义放在实现中国经济升级、促进充分就业的大背景下通盘考虑，而要实现这一目标，就要用改革的方式办好、办大职业教育，促进充分就业，实现中国经济的提质、增效、升级。要真正做到校企合作、产教融合，使更多社会力量都能参与到职业教育当中。

深化职业教育产教融合、校企合作，就是在就业大格局中统筹谋划职业教育，推动产业升级，打造质量时代的突破口。应时代需求，服务产业升级、提升产品质量、培育工匠精神、服务创新创业、扩大就业与脱贫攻坚，已然成为职业教育产教融合、校企合作发展的战略目标和制度建设考量的重要方向。

三、职业教育产教融合、校企合作发展已具备良好的政策与运行基础

20世纪90年代以来，以《劳动法》《教育法》《职业教育法》《高等教育法》《就业促进法》等法规为基础，同时根据我国经济社会发展需求，我国颁布了一系列政策措施推动职业教育产教融合、校企合作。同时，各部委积极落实国家发展职业教育战略部署，在出台的有关高技能人才评价、职业教育人才培养质量、院校发展、校园文化建设、教学改革、职业培训、示范校建设等政策文件中，均强调产教融合、校企合作。这一时期，我国还颁布了多项专门针对职业教育校企合作的政策，并采取一系列专项措施来引领产教融合、校企合作的落实，同时建立健全各种运行机制，职业教育产教融合、校企合作发展取得一系列成效。

第三节　国外职业教育校企合作的经验分析

在职业教育领域，积极推进校企合作对提升职业教育质量具有重要意义。从职业教育发达国家或地区的办学经验来看，这些国家或地区普遍重视校企合作，并将其摆在职业教育发展的重要位置，并在长期的校企合作实践中形成了各具特色的办学模式。在国际比较视野下，对国内外职业教育校企合作的成功经验进行分析，并根据我国职业教育发展实际，取其精华，去其糟粕，有助于提升我国职业教育的校企合作水平。

一、不断完善校企合作法律体系，增加合作规范

从全球发达国家的经验来看，完备的法律保障体系是推进职业教育校企合作发展的重要前提。例如，美国在建立校企合作方面的法律上成绩斐然，美国从20世纪50年代就开始通过立法对职业教育加强保障，其中最具代表性的法律是《职业教育法》，《职业教育法》减少了职业教育改革进程中的阻碍，依托法律的力量对职业教育的发展进行了维护。随着时间的推移，早期颁布的法律在美国得到了一定的修正，美国政府又针对高等职业教育的发展情况设立了大量的针对性法律。在进行立法和修正的过程中，美国政府不断通过立法对高等职业教育的教学工作进行促进，使高等职业教育能够进行得更加系统规范，确保为每个学生提供平等学习和发展的平台。美国政府很早就意识到了市场经济对职业教育的影响，开始在法律上对校企合作模式进行细致的规范。美国职业教育法律的建设可以追溯到20世纪50年代末的《国防教育法》，其中明确了职业教育培训的相关条款。之后，美国不断推进职业教育法律建设，于1963年颁布实施了《职业教

育法案》，1968 年又对这一法律进行了修订，形成了《职业教育法修正案》，1984 年又颁布并实施了《帕金斯法》，对校企产学研合作进行了规定，随后又制定了《联合研究和发展法》等多部保障校企合作的法律。其中影响力较大的一部法案是《学校至职场机会法案》，该法案明确提出应构建以企业为基础的教育基地，利用企业与学校之间的合作帮助学生达到能力上的增长。

德国也不断完善校企合作法律法规，保障职业教育的发展。德国是老牌工业国家，对技术人才有着巨大的需求，因此德国的职业教育开始得相对较早，到目前为止已经形成了较为成熟的高等职业教育模式。与美国相同，德国为了满足国内生产需要，强调高等职业教育的重要性，从 20 世纪 60 年代开始，设立了大量相关法律。德国校企合作相关法律最大的特点是条理清晰，将学生、用人单位以及学校的权利和义务等划分得十分明确，可以有效避免校企合作过程中出现不必要的纠纷和麻烦。在德国校企合作是强制性的，通常情况下企业只有两种选择，一种是承担人才培养工作，另一种是支出一定的资金支持职教的发展。当然，为了减少企业对校企合作培养方式的抵触，德国政府也在财税方面对参加校企合作的企业给予优惠。除此之外，德国的校企合作模式已经走过了初级阶段，在《劳动促进法》等相关法律的支持下，校企合作更强调合作的双赢，企业除了承担培养责任外，也可以得到学校给予的支持，使双方在合作中都能给对方带来积极的帮助和影响。又如日本的职业教育之所以走在亚洲前列，与国家重视职业教育校企合作的法律保障是分不开的。早在 1958 年，日本就已经颁布实施了《职业训练法》，为日本职业教育法律建设奠定了基础。随后，日本又制定了职业教育的补充法律法规。

二、政府合理调控

美国作为世界上经济最发达的国家之一，在很多方面都位于世界前列，是众多国家学习的对象。就高职教育校企合作而言，美国不但从法律的层面对校企合作进行保障，而且政府也在校企合作过程中发挥出了巨大的促进作用，弥补了市场经济的不足。其中最主要的一条就是制定财税政策，对愿意承担职业教育的企业给予优惠。美国为了增加相关各方对职业培训的重视，还设置了学生企业实践资格制度，如果学生无法取得行业资格证，就业就会受到阻碍。德国政府为了突出校企合作管理的专业性和针对性，在政府机构中加设了"产业合作委员会"。该委员会承担与校企合作相关的所有工作，并对高职教育中的校企合作有所侧重。除了设立专门管理部门，德国政府还考虑到了校企合作过程中校企双方在经济上的需求，因此设置了减免税收、财政补贴等财税政策。澳大利亚政府对校企合作一直采取非常积极的态度，并且在宣传方面有着突出的表现，在国家内部营造了良好的校企合作氛围。澳大利亚还针对现代学徒制制定了完善的社会保障制度。现代学徒制是传统学徒制融入学校教育因素的一种职业教育，是职业教育校企合作不断深化的一种新的形式，顶岗实习、订单培养、现代学徒制是一种递进关系。如果企业愿意接收学徒工，那么企业只需要承担基本的薪酬支出，除此之外其他方面的支出都可以由政府承担。不仅如此，澳大利亚政府也在财税方面进行了差异性政策的制定，对参与校企合作和不参与校企合作的企业进行差别性对待。

三、设立专门机构进行管理

德国政府在对校企合作进行把控的过程中，通过设立"产业合作委员会"的方式来提升管理上的专业性，实际上除了德国之外还有很多国家设置了类似的专门管理机构，针对校企合作进行专项管理。例如，澳大利亚主要利用行业协会进行校企合作的管理，但是在管理范围上有着一定的限制，行业协会主要负责审批、回复、规划等。在实际工作中，行业协会的主要作用是对用人单位、政府、学校、学生四者之间的关系进行润滑，并为各方提供有效的信息，方便校企之间互相了解、构成合作关系。又如瑞士政府对行业组织十分信赖，国内的很多工作都由相关行业组织协调完成。在对瑞士国内行业组织进行分析时发现，这些行业组织十分重视培训工作，可以为相关职业院校提供专业的实训服务，让学生能够在实训车间动手操作，并且行业组织还会对培训工作进行系统化管理，针对学生的专业、能力等进行合理安排，这能够让学生从实训之中得到更多的收获，并增强校企合作的实际意义。

四、企业实际参与职业院校的教育教学，合作深度融合

虽然校企合作双方都处于平等的位置，但是在实际合作中企业很少能够参与到学校的教育工作中去，对人才培养的影响较小。这在一定程度上削弱了企业在校企合作中的作用。因此，美国在促进高等职业院校与企业进行合作的过程中，重点强调了企业在学校教育教学、人才培养中的作用。在美国，高等职业院校与企业形成合作关系后，企业除了满足学校的实训要求外，还会派专人到学校参与教育教学工作，与学校共同讨论学生的培养计划，并安排有经验的优秀工作人员到学校给学生演讲或者授课。美国还有很多由企业直接出资建设的学校，这些学校的校企合作关系更加紧密，学生可以得到更多实践方面的知识和机会，并且企业也能够结合自己的需要进行针对性的人才培养。澳大利亚的企业也会参与到学校的教学中去，并且在与学校的合作过程中形成了一种新的学徒制。学徒制作为工学结合人才培养模式的深化，其内在的逻辑体系和运作流程蕴含着丰富的职业教育思想。这种"工"与"学"的交替，将工作与学习相融合的教育模式的建构和发展，是新形势下高职教育本质特征赋予现代学徒制的新内涵。这种制度最

大的特色就是理论和实践趋于同步,学生一方面要接受职业院校的理论教学,另一方面又可以到企业进行实践。应用学徒制的企业的主要目的是进行专业人才培养,因此会支付学徒的培养费用,而且在学徒制中实践教学要重于理论教学。

五、形成校企合作长效机制

新加坡南洋理工学院"教学工厂"的教学模式是其职业教育取得成功的关键。新加坡在校企合作方面创新发展,开发出了多样的合作形式,形成了完善的校企合作长效机制。从企业方面来看,为学校投入资金,是职业院校发展政府投入的重要补充;为学校投入的实训设备,基本都是企业当前使用的一线设备规格,甚至是产业领域最前沿的配置,大幅提升了学校实验实训条件和人才培养的社会适应性;为学校提供实训场地,企业本身即为学生的实训基地,接受学生实训实习,学生深入生产一线,对未来职业环境获得最直接的了解和感受。企业还会在学校建立实训基地,完全还原企业真实环境,实训基地的教学管理严格按照企业的标准执行。企业一线技术人员讲授技能课程,指导学生操作训练。从学校方面来看,为企业培养对口学生,校企共同制订人才培养计划,针对企业具体岗位进行人才培养,学生毕业后能直接上岗;服务企业科研项目,发挥学校科研、人才资源优势,帮助企业实施项目研发,一方面为企业节省了研发成本,另一方面也为学校师生提供了良好的实践机会,增强了他们解决实际问题的能力;教师按规定定期到企业回炉,能及时学习掌握前沿技术工艺,同时利用自身优势帮助企业解决技术问题,为企业员工提供职业培训,促进企业的持续发展。校企实现良好互动,校企合作机制务实有效。

第四节 有效推进高职教育校企合作供给侧改革

一、改革制度结构,科学设计,调动多元主体的主动性、积极性

高职教育领域校企合作制度供给内涵在于政府与职业院校和行业企业协同育人,以及协调平衡校企合作利益相关者的全面、科学、系统的规划。制度化表现在各类相关法律法规必须相互配合、不相冲突。校企合作的目标是合作育人,培养满足产业需求的技术技能人才、服务技能人才。设计校企合作顶层制度时,必须明确校企合作育人目标,进行制度实施、机制与具体路径安排的规划。校企合作的制度框架应包括校企合作法律保障制度,校企成本分担与补偿制度,教师、学生、职工权益保障制度等。

一是要尽快建立法律保障制度。积极推进法律的贯彻落实,以调动多方主体的积极性。二是要建立校企成本分担与补偿制度。在国家鼓励混合所有制办学的情况下，国有资本、集体资本、非公有资本等不同所有制性质的资本所有者交叉投入职业教育，并注意界定国家、地方政府、企业、职业院校、学生及家长在校企合作过程中的成本分担制度，收益、补偿制度。三是要建立交流、沟通制度。政府应成立相关管理机构及服务平台，在宏观层面上建立制度管理框架和基本格局，具体包括校企合作项目申请、师资培训、运行监督、成果评估平台。通过校企合作实施平台的建设，促进职业院校教师和企业兼职教师互相交流与学习，构建职业院校与行业企业信息分享机制，促进产教融合、协同创新，最终实现教育资源的有效利用，提升职业院校教育质量和企业创新能力。四是要建立财政支撑体系。积极鼓励职业院校领导、教师、学生、企业管理者、员工主动参与校企合作，落实职业教育校企合作中企业教育的主体地位。

二、改革校企合作各方关系结构，建立供需融通的合作关系

推进校企合作供给侧结构性改革，仅仅依靠职业院校是不可能实现的。校企合作相关主体需要建立互为供需、融通创新的新型校企合作关系。校企合作关系外在表现为校企合作相关主体长期稳定的伙伴关系，全面紧密、深度融合的战略合作关系。"新型"一是指"互为供需"。从供给侧维度看，各级政府与职业院校、企业满足供给与需求的关系，职业院校和企业各自满足供给与需求的关系，职业院校、企业与学生满足供给与需求的关系。二是指"融通创新"。融通就是融会通达而了无滞碍，就是融合畅通、融合通达的意思。校企合作就是深化融通协作，建立相关主体融会通达而了无滞碍的合作关系的过程。"创新"是创新各主体互动融通、高效协同的校企合作。校企合作本质上是一种共生式依赖关系，其外在表现形式是异质性资源交换和转化。校企命运共同体，就是要倡导命运共同体意识，在追求校企合作多元主体自身利益时兼顾其他主体，在谋求自身发展中促进各主体共同发展，建立平等均衡、骨肉相连、融通创新、协同发展的伙伴关系，同舟共济、权责共担，增加校企多元主体共同利益。

三、改革完善文化结构，促进校园文化和企业文化互融对接

（一）重构高职校园文化与企业文化的价值

首先，校园文化应去"书斋化"。高职教育作为具备职业教育与高等教育双重属性的教育类型，其文化的价值预设有着明显的学历本位取向，所倡导的发展方向、开展的校园文化活动、传递的文化信号等都有着比较鲜明的"书斋味"；其大致的趋向即是以理论阐释、理论叙事的线性积累和演绎为主线，将高职学生朝统一规范的思想道德要求、社会价值规范和个人合规基本素质素养的方向培养。这在一定程度上导致高职教育的校园文化发展朝高等教育的方向走去，而职业教育的文化特色凸显不够。此外，"书斋化"传统模式使得校园文化难以承接

多元性文化，限制了校园文化的开放性。这又导致校园文化与企业文化之间的界线更加清晰，不利于两者之间的融合。因此，高职校园文化要在去"书斋化"的过程中逐渐抛弃传统、封闭的思想，以宽广怀抱拥抱包括企业文化在内的有益多元文化。

其次，校园文化要立"企业化"。职业院校与企业在培养目标上有着一致性，即为企业输送合格优质的高技术技能人才，而要实现这一目标，校园文化与企业文化就要不断地同构，在价值取向、行为特征、制度规范、环境营造等方面相通相融，共同形成育人合力。高职学生技术技能的培养不仅要依靠教师的教学与示范，还需要企业相关人员的传授与引导。这是提高高职学生适应企业生产经营需求的必然性，企业文化的介入，能够提前使学生了解、熟悉企业最基本的素质要求和企业所制定的严格的规章制度，让学生提前训练被企业视作生命力的团队合作精神、效率与质量意识、纪律与责任意识、创造与创新意识等，共同塑造高职学生既符合社会规范又被企业所认可的素质素养。

再次，企业文化须去"内圈化"。大多数企业皆有其独属的文化标识与文化象征，且以企业内运行的"内圈化"为主，着重于文化对其管理人员、生产人员、经营人员的影响力，强调的是文化的规范作用和管理作用，在对外辐射的文化影响力与文化品牌的打造上乏善可陈，缺乏与社会文化的链接与融合，对于企业文化的可传播能力和示范作用重视不够，这在一定程度上导致企业文化具有封闭性，企业文化的评价缺乏全面而又客观的认知。要解除企业的这种"内圈化"，企业就要从其重要技术技能人才来源的高职院校校园文化中获取经验，汲取营养，仿照校园文化的运行模式与开展路线，在企业文化的总结、设计、传播、推广、提炼等方面制订切实可行的方案，提升企业文化的社会知名度和美誉度。

最后，企业文化要立"社会化"。企业要将其文化与包括高职校园文化在内的社会文化进行充分融合与对接，充分促进企业文化的"社会化"，使企业文化相得益彰地嵌入社会主义的文化大环境之中。尤其是对于作为重要人才源泉的高职教育，企业文化更是以"反哺"的姿态介入校园文化的发展之中，将"社会化"的文化内涵与内容充实到校园文化之中，两者共同承担培育人才的职责。

（二）加强高职校园文化与企业文化的对接

强化校企文化理念认同。高职院校要主动出击，以高职校园为主场地和大熔炉，积极认同企业文化对高职学生人才培养的重要性，以开放、包容的姿态将企业文化"引进来"，使企业文化融入人才培养的全过程，积极发挥企业文化的育人功能；要以谦虚、学习的姿态"走出去"调研企业文化，充分了解企业文化在企业发展过程中的作用等。增强企业文化在高职院校的归属感、使命感，使企业文化真正成为高职院校办学的一个"增量"，成为高职院校与企业之间交流与沟通的一个重要纽带。

企业文化应贯穿高职教育人才培养的全过程，发挥企业文化育人功能。高职教育的育人过程也是校园文化向企业文化迁移的过程。在校企合作育人活动中，一是依托校企共建实习实训基地，在真实生产实习过程中让学生感受到企业文化元素、理念的魅力，以文化作为高职院校与企业交流沟通的桥梁。二是积极推进现代学徒制和企业新型学徒制，建议由大国工匠、劳动模范、技术能手担任师傅，通过讲解企业精神、价值观，以言传身教的形式将技术技能传授给学生，帮助学生在亲身实践中感受"劳模精神""工匠精神"，提高自身的职业素质、思想品德，"立德树人"是高职教育校企合作的首要任务。三是文化融合宣传。高职院校和企业联合将校企文化融合的必要性、重要性和取得的成果进行大力宣传，让企业、学生、家长和社会媒体充分了解职业教育校企合作，引导全社会关注职业教育、宣传职业教育、参与职业教育。

高职校园文化与企业文化的对接与渗透是一项涉及面广、程度深的系统性工程，为了避免或减少文化对接上的误区与可能存在的文化要素流失，破除传统上两者二元分离的壁垒，在制度上要有比较规范的保障。一是规划先行。高职院校要做出企业文化进入学校的短期及中长期规划，对企业文化渗透到校园文化的内容、路线、行动方案等要通盘考虑，在顶层设计上确保二者整合的科学性和有效性。二是标准同构。高职院校与企业要共同协调、通力合作，共同建立文化建设的标准体系，使其既兼顾校园文化的功能，又兼顾企业文化的作用，同时"赋予文化建设合理的弹性空间，将标准性与多样性统一起来"。三是制度适用。高职院校与企业要建立符合双方利益、有着共同的价值取向的系列规章制度，并保障这些制度实施的可行性，使得双方文化在互融的过程中有章可循、有规共守。

为保障高职校园文化与企业文化之间的顺畅衔接，高职院校与企业要建立相应的常态化机制，从而使二者的交流与沟通在广度、频度及深度上始终处于融合状态之中。一是建立宣传机制。高职院校要与企业联合建立宣传机制，共同策划宣传方案与活动，不断将校园文化与企业文化融合的必要性、可行性及所取得的成效进行大力的宣传，让广大高职学生充分了解企业文化的重要性，引起学生的共鸣。二是建立互动机制。高职院校要与企业建立常态化的交流与沟通机制，增强从事文化方面工作人员的互补性，经常让企业人员到校开展企业文化的宣传介绍，选派宣传部门工作人员送文化到企业，让企业管理层和员工认知校园文化开展的情况及一些品牌特色文化的社会成效，推动学校与企业文化之间的联动与沟通。三是建立保障机制。高职校园文化与企业文化的对接涉及人、财、物等各方面软件设施和硬件设施，要确保对接到位，必须要有相应的保障机制。要建立由校企双方共同参与的保障组织机构，负责校企文化对接的制度建设、内容设计和考核评价，掌握对接过程中的重点、难点，提炼亮点、特色。要建立人才保障机制,利用好高职院校的人才资源,加强校企文化对接的理论与实践研究,确保具有相关专业背景或实践经验的人才主导或参与其中。要建立资源共享机制,保障双方文化对接的智力、物力、财力,充分利用好双方的文化资源、人才资源,整合校企双方已有的文化基础设施和软文化品牌,共同设计具有良好发展前景的文化建设思路。

四、完善法制,有效治理,为校企合作有效运行提供指南与保障

法制化是高职教育产教融合、校企合作实现可持续发展的最基本保障。未来职业教育产教融合、校企合作必然走上法制化、科学化道路。除了制定类似《职业教育校企合作促进法》等法律外,还应制定与其相配套的类似《职业教育合作企业资质条例》《企业师资条例》《新型学徒制条例》《学生实习权益保障条例》以及地方性职业教育校企合作专项法规等。要不断完善与职业教育发展相关的《教育法》《学校法》《劳动法》《劳动合同法》《企业法》《税法》《工伤保险法》等。要形成具有中国特色的产教融合、校企合作法律法规体系,还必须对其他领域的法律法规加以配套修正。只有目标一致、协同治理,形成有效的执行机制,职业教育产教融合、校企合作国家制度才能得以真正落实和有效实施。

(一)明确校企合作基本法律制度的立法宗旨

立法宗旨是法律的灵魂,为立法活动指明方向和提供理论依据,对确定法律原则、设计法律条文等具有重要指导意义。职业教育在由计划经济向市场经济转轨的过程中,原有的体制内校企关系基本瓦解,而与市场经济相适应的新型校企合作关系还没有建立,因此客观形成了职业教育校企合作制度的一个断裂期。具体表现为:政府主导不力、行业指导乏力、企业缺少动力、学校心有余而力不足,企业将主体地位让位给学校,校企合作原本应该是以企业为主导的行为,却变成了学校的"独舞"。

我国职业教育校企合作问题的根源在于缺乏与市场经济和教育行政管理体制改革相适应的有效的制度供给,即制度失灵,具体表现为市场失灵和政府失灵。我国职业教育校企合作问题的市场失灵表现在教育投资人力资本专用性程度低、合作过程中可信承诺问题、教育投资外部性问题。我国职业教育校企合作问题的政府失灵主要是由于政府干预不足造成的。《职业教育法》等相关法律未把"校企合作"明确为一项基本制度。修订《职业教育法》等相关法律就必须明确校企合作的职业教育基本法律制度地位。校企合作基本法律制度的立法目的在于解决市场失灵和政府失灵两个问题,立法宗旨在于促进校企深度合作、双主体育人,提高职业教育的办学质量和社会声誉,以解决职业教育校企合作程度不深、企业参与不够、技术技能型人才培养不足等问题。

(二) 校企合作基本法律制度的主要内容

明确校企合作各主体的权利和义务。校企合作法律关系的主体应包括政府、行业企业、学校、学生等各方。法律主体的权利和义务，是法律关系的内容。校企合作基本法须明确各主体的权利和义务的关系及应承担的法律责任。例如，在校企合作制度中应明确要求企业必须参与校企合作，学生实习须与学校、企业签订三方合同，对于未签订实习合同或违反合同规定的校企合作行为，在法律责任条款中应明确经济上的处罚。

规定校企合作法律规则的类型。法律规则是规定法律上的权利、义务、责任的准则、标准，或是赋予某种事实状态以法律意义的指示、规定。根据行为模式不同，法律规则分为授权性规则、义务性规则和权利义务竞合规则。授权性规则的特点是为权利主体提供一定的选择自由，对于权利主体来说不具有强制性，通常采用"可以""有权利"等用语。义务性规则具有强制性、必要性、不利性三大特征，常采用"应当""应该""必须"以及"不得""禁止""严禁"等术语，或者在描述行为模式后加上不利的法律后果。校企合作应采用以义务性法律规则为主的方式进行规定，以"硬法"的方式强制性解决当前校企合作存在的突出问题。

确定校企合作主体的法律责任。法律规则包括行为模式和法律后果。法律后果一般是指法律对具有法律意义的行为赋予某种后果。它分为两类：一是肯定性法律后果，即法律承认这种行为合法、有效并加以保护激励；二是否定性法律后果，即法律对这种行为不承认、加以撤销以至制裁。我国《职业教育法》等法律有关校企合作的条款只有行为模式，没有法律后果，即奖励性或惩罚性条款。由于法律惩罚力度小，企业的违法成本低，导致了企业参与职业教育动力不足。同时，在《职业教育法》等法律中很难看到奖励企业参与职业教育的具体条文。

制定完善相关法律时应增加法律主体违反校企合作行为的惩罚性条款，使职业教育法由"软法"变为"硬法"。要明确校企合作的目的；全面概括校企合作的各种具体形式；完善校企合作涉及的各种从属制度，如企业的税收减免、教师企业实践、学生实习、现代学徒制实施以及奖惩制度等。国家要用具体可行的制度规范企业等用人单位以签订合同的形式通过合作办学、订单培养、学生实习就业等多种方式与职业教育机构合作育人；县级以上政府要按照国家有关规定给予辖区内接收学生实习的企业税收减免等优惠，奖励对校企合作贡献巨大的单位与个人；行业协会等组织应当根据行业发展，开展人才需求预测，制订行业职业教育培训计划，协助主管部门组织、指导行业职业教育培训工作，参与校企合作项目的评估、职业技能鉴定及相关管理工作；企业等用人单位应当按照国家有关规定，安排一定的岗位供职业院校学生实习实训和教师实践；职业院校应当加强对实习学生和实践教师的职业道德教育和安全教育，并保证学生和教师到企业或生产服务一线进行规定时间的实习或实践。

完善校企合作基本法律制度的实现形式。在法律实践中，各类相关法律法规之间必须相互配合、不相冲突，方可发挥强制性功能。目前，我国规范校企合作的有关法律法规尚未形成有机统一的体系。例如，《教育法》与其他相关部门法缺乏协同，我国教育类法律中均提出职业院校应当与企业密切联系，国家鼓励企业参与职业院校人才培养，但在能对企业产生有效约束的《劳动法》《公司法》等法律中却没有企业对学校人才培养负有责任或须做出具体行为的规定。又如教育类法律内部对职业教育校企合作的规定未形成统一效应，《高等教育法》和《职业教育法》的配套规定在校企合作的对象、内容和形式等方面缺乏内在的关联性。因此，要完善高职教育校企合作法律制度。一是要修订《职业教育法》明确校企合作的基本法律制度的地位。同时，修订其他相关部门法，对《劳动法》《企业所得税法》等配套法律进行修订，将校企合作事项列入相关条款中。二是根据校企合作基本法律制度，制定配套行政法规。例如，国务院要出台类似《职业教育校企合作促进条例》等法律法规，明确我国职业教育校企合作的目标、性质、形式、标准；明确职业教育校企合作法律关系主体的权利、义务和责任；进一步明确政府统筹扶持、行业协同指导、学生实习、教师实践等从属制度。三是地方政府要根据区域实际出台相应的校企合作法律法规，以系统集成的理念搭建好校企合作跨界治理的法律法规协同框架，为高职教育校企合作有效运行提供行动指南与制度保障。

五、落实政府责任，深化高职教育校企合作供给侧改革

（一）政府责任在高职教育校企合作中的主要价值

政府通过履行其责任，保证相关职业教育校企合作法律的有效实施，促进职业教育校企合作的有序进行，政府对于校企合作的价值主要表现在如下几个方面。首先，保证相关法律的有效实施。政府作为高职教育校企合作立法的主体之一，主要是通过颁布一系列政策、法规、条例、决议和命令等规章制度来规范和促进校企合作，包括职业教育校企合作的办学制度、投入制度、人才培养制度、质量评价制度等。履行政府责任对于职业教育校企合作有关法律的实施起着重要的作用，政府自身的权威性能更好地确保相关法律的执行和实施。其次，更好地发挥政府的保障作用。政府主要通过统筹规划、管理监督、信息服务、财政支持等方式来保障职业教育校企合作的顺利进行。履行政府责任，按照相应法律法规将职业教育校企合作纳入经济和社会发展规划中，统筹协调校企合作与经济社会发展等关系，实现"校""企"的协调发展。最后，有利于正确处理政府、学校和企业的关系，促进校企合作协调发展。当前校企合作实践中存在校企合作层次不深、企业认识不够、管理体制不完善、制度法规不健全等问题，"学校热、企业冷"的局面仍未得到改善。要解决这些问题，在校企合作中起主导作用的政府，必须积极参与并发挥其职能，协调合作主体间的利益纷争。政府通过颁布促进校企合作的政策法规，给予企业政策和税收等优惠；通过激励和奖惩机制，从正负两个方向来激励企业积极投身职业教育校企合作。

（二）以落实政府责任为基点，推进高职教育校企合作改革发展

事物的发展是内外因共同作用的结果，内因是根本原因，外因是事物发展的外部条件。职业教育校企合作的健康发展，不仅依赖于良好的外部条件，还需要自身作用的发挥。要促进校企合作，既要发挥政府的主导作用，又要发挥职业院校自身的自主性，要在落实政府责任的基础上推进校企合作供给侧改革，提高职业教育校企合作的质量。

正确行使校企合作权力。落实政府责任、推进职业教育校企合作，政府要明确自身的权力限度和责任范围，在履行责任过程中必须首先明确哪些方面由政府统筹管理，哪些由市场调节。政府的责任主要在于为校企合作提供一个秩序化的环境，必须要避免政府的过度干预，在发挥政府主导作用的前提下充分保障市场规律对校企合作的调节作用，处理好政府主导与市场调节、政府主导与企业参与、政府主导与学校自主之间的关系。政府应该坚持"抓大放小"的原则，在校企合作发展的方向、政策和措施、财政投入等一些大的方面发挥自身的宏观调控与管理作用，而在校企合作的具体形式、办学模式、教学内容、办学规模等具体事宜上则应以市场调节为主。在充分发挥宏观引导和统筹协调作用的前提下，还要遵循市场规律，按市场规律办事，尊重合作双方的主观能动性，调动校企双方的积极性和创造性。

明确政府职能，厘清政府责任。要推进高职教育校企合作进程，政府必须改革管理模式，完善管理机构体系，明确政府各管理部门在职业教育校企合作中的职能范围，明确职责划分，并将其作为各部门政绩考核的一项重要指标。鉴于政府管理中存在的职能"缺位""越位""错位"等责任不清的问题，应明确各部门各自管理的权限范围，实行"归口管理"，同时加强各部门间的协作，明确企业的主体地位。建立由政府主导的校企合作教育管理机构，完善校企管理体系。各级政府尤其应当划清教育部门与人事劳动保障等部门的管辖范围，厘清其各自的职能，明确分工，加强协作，提高管理效能。

完善监督机制，加强对高职教育校企合作工作的督导。当前我国职业教育校企合作没有形成多元主体共同参与的社会化评价监督机制，评价主体单一，影响了监督评价过程的科学性和客观性，使得监督评价过程未能发挥其应有的作用和价值。因此，应由教育行政部门牵头，各相关方共同参与，建立校企合作监督机制。一要健全监督体系，包括完善监督内容、监督评价标准等。二要成立监督机构，确定监督机构成员，完善监督方式。三要强化过程监督，主要是有效监督职

业教育校企合作各主体权利与义务的履行情况。监督机制应纳入教育行政部门、企业行业组织、职业院校、职校学生及家长、第三方组织，组成专门的监督评价机构，对参与校企合作的职业院校、行业企业进行公开公正的评价。职业教育校企合作监督评价机制，应以政府适当宏观调控下的市场运作为主要方式来进行。履行政府监督职能可以保证校企双方较为顺利地沿着既定目标、方式开展合作，保证双方应有的权利和义务。政府在校企合作中需要承担协调管理、平台保障、监督评价等责任。政府通过与职业院校和企业对话，交换合作双方的意见和想法，协调合作双方的利益，实现双方坦诚合作。同时，政府要加强对校企合作的指导，把握大的方向，通过资金、政策法规等支持，保障合作顺利开展。另外，政府要充当校企合作过程的监督者和评价者，监督合作过程、评价合作成果、检验合作成效。保证合作双方沿着既定的合作目标、内容、方式等开展合作，督促高职教育校企合作双方在合作过程中认真履行自身的职责和义务。

六、坚持问题导向与创新引领，搭建更加灵活多元的校企合作平台

目前，针对校企合作办学中高职学生的职业能力不足、职业精神欠缺、校企合作办学失效失真等问题，高职院校和相关管理部门要在"体制机制、学生、成果和服务"等供给侧要素上下功夫，坚持创新引领，搭建更加灵活多元的校企合作办学平台，切实满足企业生产实践的现实需求。要通过构建以培养岗位能力和职业素质为核心的课程体系，大力推进任务驱动、项目导向、案例分析、顶岗实习等教学模式的发展，融理论教学与实践教学、学历教育与职业资格证考试于一体。要以满足企业需求为第一目标，完善科技成果转化奖励制度，大力推动科技成果处置、使用和收益分配制度改革，建立科学合理的科技成果转化组织体系和政策机制，培养一支科技成果转化队伍，将科研成果快速有效地转化为现实生产力，满足经济社会和行业企业现实发展需求；要加强高职学生人文素质等通识文化知识教育，努力使所培养的人才既有扎实的专业知识和实践技能，又有良好的人文精神、职业道德和职业素养；顺应"互联网＋"时代和"大众创业、万众创新"的新形势和新要求，加强创新创业教育，形成人才培养和技术创新的高峰。

发达国家职业教育发展的成功经验和我国现代职业教育孕育发展的历程都表明了一个好的运行机制和合作平台对提升校企合作办学水平具有重要意义。首先，要创新运行体制，借鉴高职教育在萌生时期的校办产业、校企股份合作、行业办学等成功经验，研究探索不同法人主体下的集团化、集群化、集合式校企合作办学新模式，探索与行业企业共建董事会、理事会，校企共建混编团队，共享人才资源。例如，校企可以构建理事会领导下的院长负责制，由企业方出任理事长，校方任副理事长；校方任命二级学院院长，企业方任命二级学院副院长，共

同推进人才培养。其次，应该创新动力体制，在充分关照企业利益诉求的原则下，由政府牵头搭建校企合作办学平台，构建校企共生机制和互赢互惠机制，实践适应劳动者多样化、差异化需求的职业教育培训体系以促进合作育人。再次，要创新评价体制。评价最重要的意图不是为了证明，而是为了改进。最后，要积极建立由科研机构、行业企业等共同组建的第三方专业评价机构，对校企合作办学模式、治理结构和办学成效进行全方位、立体式的评价，形成多元开放的评价体系。

第八章　高职教育培训有效供给研究

我国经济领域供给侧改革的深入推进给我国经济结构、产业结构和发展方式等带来了新的变化,也带来了新的转岗转业、重新就业、农村富余劳动力向非农产业转移等就业机遇。就业是民生之本,是人民改善生活的基本前提和基本途径,它不仅影响到我国经济的持续健康发展,而且关系着公平正义的维护和社会的长期稳定。为此,职业教育培训逐渐进入了我国政府公共管理的视野。近年来,我国开展了大规模的职业教育培训。这些职业教育培训,在促进经济发展、增加就业、改善民生等方面发挥了一定的积极作用。然而,我国现有的职业教育培训,在供给过程中也存在着一些不容忽视的问题。这些问题主要表现为:职业教育培训既供给不足,又需求不足,一方面职业教育培训的供给数量和质量不能满足经济发展对技能型劳动者的需求;另一方面劳动者个体和用人单位对职业教育培训有购买能力的购买意愿即有效需求明显不足。这一情况,反映在劳动力市场上,体现为劳动力既供给过剩,又供给不足,即在现实中,企业所需要的技能型劳动者出现短缺和大量缺乏职业技能的劳动者难以找到工作岗位两种情况并存。有效需求不足只是缘于无效供给过剩或者有效供给不足,劳动力市场中结构性矛盾必须通过职业教育培训才能加以解决,高职教育积极向社会提供有效的培训供给,不仅是承担社会责任和历史使命的应有之义,也是实现自身发展、提升自我价值的必由之路。

第一节　追寻高职教育培训的有效性

一、职业教育与职业培训的关系

对于职业教育与职业培训的关系,学者们也一直存有不少争议。在"教育"与"培训"的概念之间始终存在着一种张力。有些人认为两者之间有明显的区别,另一些学者则认为从广域的教育到狭域的专门技能开发,是一个连续体。李向东、卢双盈等学者从广义和狭义两个层面对"职业培训"一词进行了规整与界定,认为广义的职业培训是指"为适应社会职业的需要,按照一定的标准,对要求就业和在职的劳动者所进行的,旨在培养和提高其素质和职业能力的教育与训练活动"。狭义的职业培训是指"按照职业岗位对劳动者提出的要求所进行的培养和训练活动,旨在把一般人培养训练成为具有一定道德品质和技术业务素质的合格的劳动者,以适应职业岗位的需要"。陈福祥等学者将职业培训定位为依据社会发展需要和职业岗位需求,由各类教育培训机构实施的,针对各级各类学校毕业生、不同行业在职员工、各类转业或失业人员、城乡新生劳动力以及其他求职人员开展的,旨在提升其从业或创业知识和技能的培养与训练活动。

《中华人民共和国职业教育法》将职业教育分为职业学校教育和职业培训,"职业学校教育分为初等、中等、高等职业学校教育。初等、中等职业学校教育分别由初等、中等职业学校实施;高等职业学校教育根据需要和条件由高等职业学校实施,或者由普通高等学校实施。其他学校按照教育行政部门的统筹规划,可以实施同层次的职业学校教育"。而"职业培训包括从业前培训、转业培训、学徒培训、在岗培训、转岗培训及其他职业性培训,可以根据实际情况分为初级、中级、高级职业培训。职业培训分别由相应的职业培训机构、职业学校实施。其他学校或者教育机构可以根据自己的办学能力,开展面向社会的、多种形式的职业培训。"

二、高职教育培训"有效供给"解读

供给和需求分析是经济学研究问题的基本方法。在经济学中,供给和需求有着特定的内涵和外延。"西方经济学把生产者在某一特定的时间内,按照每一可能的价格愿意而且能够提供出售的某一商品的数量叫做供给。"[108]影响供给的因素有商品的价格、企业的生产目标和技术水平、生产要素的价格、其他商品的价格等。其中,商品的价格是影响供给的决定性因素。当价格发生变化时,在同样的技术水平下,企业会调整产品的生产规模,从而引起商品供给的变化。所谓需求,是指"某一特定时期内,一种商品价格同这种商品的购买量的关系"。它主要受商品的价格、消费者的偏好和收入水平、其他商品的价格等因素的制约。同样,商品的价格也是影响需求的决定性因素,在其他因素保持不变的情况下,商品的价格变化会导致人们支付能力发生变化,从而引起市场上人们对该商品的需求发生变化。

在市场经济条件下,商品价值和使用价值的最终实现是一个十分复杂的运动过程,某些商品在市场上的供给并不总是表现为有效的,这往往要取决于其数量、质量、结构、价格等是否符合现实中的市场消费需要。所谓有效供给,是指"一定时期内,一个国家或地区向市场提供的现实供给中能够最终满足消费需要、实现其商品价值的那一部分商品供给量"[109]。有效供给是检验生产是否适应消费、供给是否符合需求的一项基本指标。

现实中,出现无效供给的原因可能是多方面的,它主要表现为以下几点:首先,盲目生产导致产需脱节,造成一部分商品不能够被消费者所接受,无法从流通领域进入消费领域实现其价值；其次，流通渠道不畅导致流通环节堵塞，使得适应消费需要的商品因供给时间、空间差异而不能与购买力相结合而变成了无效供给；再次，由于生产经营秩序混乱，大量假冒伪劣商品进入流通领域而变成了无效供给；最后，由于商品在运输、储存中质量受损而无法出售转化成无效供给。市场经济的健康与稳定发展，在根本上取决于市场上商品的有效供给数量，即要尽可能增加商品的有效供给，减少商品的无效供给，提高有效供给效率。

教育是一种培养人的社会活动，教育过程有着自己独特的运动规律，有别于市场上纯粹商品的运行法则，但是，作为一种服务产品，它同样存在着供给和需求的问题。有学者认为，教育供给是指"一定社会为了培养各种熟练劳动力和专门人才，促进经济、社会和个体的发展，而由各级各类教育机构在一定时期内提供给学生受教育的机会"，而教育需求是指"国家、社会、企业和个人对教育有支付能力的需要"[110]。教育供给和教育需求的关系构成一对矛盾运动，有教育需求就会产生教育供给，教育供给必须满足教育需求，教育有效供给即教育供给和教育需求达到的一种均衡状态。而所谓教育供求均衡是指"教育机构所提供的教育机会数量、质量和结构在总体上与个人、社会对教育的需求基本一致"[111]。吴开俊等学者认为，教育有效供给是指"在某一时间内，一个国家的各级各类教育机构所提供的教育机会，不仅为它的直接消费者个人所需求，而且同时能满足国家经济社会发展对各种熟练劳动力和专门人才的需求，从而既能使教育资源得到充分利用，又能促进整个国家的现代化进程"。但是，对教育有效供给的定义不能仅仅考虑到在教育机会、数量、质量和结构等层面满足个人和社会需求，"在市场经济条件下，判断教育供给的有效程度也要看教育过程中教育资源配置和利用的效率，对教育各种效用的增进程度"。同时，在教育公平日益成为一项基本教育政策的价值指向下，"教育有效供给不能不考虑教育公平的实现程度"[112]。

高职教育有效培训供给是指在一定时期内，国家开设的高等职业院校或民办高职院校提供职业培训不仅在数量、质量和结构上满足个人、用人单位和社会有支付能力和支付意愿的教育需求，而且适应经济社会建设的需要，同时符合公平和效率原则。高职教育培训是一种公共产品，它既具有一般公共产品的基本特征，同时又有着不同于其他公共产品的特殊性。无论采用何种供给方式，高职教育培训必须体现质量、适切和公平这三个基本原则，三者相互依存、相互制约。在职业培训的质量和数量之间始终存在着一种张力。在提高职业培训覆盖范围的同时，还要保证整个培训过程和培训结果的质量，这往往涉及高职院校培训的管理、培训者的培训、培训资源的整合、培训课程的设计等方面，而培训内容能否被充分理解和接受取决于培训在经济意义和社会意义上是否有用和适时。高职教育应当以需求为导向，增强职业培训内容、培训方式以及其他相关服务的适切性,切实提升高职教育培训的效率和质量。

三、实践关切:提升高职教育培训供给的有效性

不论是下岗失业人员再就业培训计划,还是农村劳动力转移培训工程,实施以来均取得了不错的成绩,绝大部分受训学员通过培训掌握了一技之长,顺利实现了转产、转岗就业,这些计划和工程维护了广大失业、转业、转移人员的根本利益;既在一定范围内维护了教育公平,同时也在一定程度上提高了职业培训的吸引力。但也不可否认,现实中无论是我国劳动力市场上的劳动力供给,还是公共性职业教育培训的供需,都存在着一些似乎难以化解的结构性矛盾。仅就农村劳动力转移培训来说就存在以下一些问题:首先,农民工以及一些地方和部门缺乏人力资本投资的战略意识;其次,农民工转移培训政策缺乏,培训项目规模总量偏小;再次,培训结构(如职业院校)市场意识不强,培训工种与市场需求不适应,与用人单位生产实际脱节;然后,资金投入不足,农民工转移培训缺乏稳定的经费来源,未能形成合理的成本分担机制;最后,教育培训资源不能有效整合,培训设施、设备不能满足培训实践需要,对培训单位、用人单位、农民工缺乏有效的激励政策等。这些问题同样存在于下岗失业人员再就业等培训之中,反映出了我国职业教育培训普遍存在的一些问题。

当前,我国劳动力市场明显表现出既供给过剩,又供给不足的矛盾。供给过剩是指大量缺乏一技之长的劳动者难以找到相应的工作岗位,供给不足是指与我国经济发展进程和经济结构转型相适应的高技能人才短缺。改革开放,特别是20世纪90年代以来,随着农产品供求问题的基本解决和政策环境的逐步改善,农村劳动力外出就业规模不断扩大,数目庞大的农村劳动力主要向非农和城镇转移就业。而大量的外出农村劳动力没有接受过相应的职业教育或培训,缺乏一技之长。我国就业方面的主要矛盾,是劳动者充分就业的需求与劳动力总量、素质不相适应之间的矛盾。当前,主要表现为劳动力供求总量矛盾和就业结构性矛盾同时并存,城镇就业压力加大和农村富余劳动力向非农领域转移速度加快同时出现,新成长劳动力就业和企业失业人员再就业问题相互交织[113]。然而与上述情况不同的是,我国公共性职业教育培训却存在着既供给不足,又需求不足的窘境。供给不足是指公共性职业教育培训无论在数量上还是在质量上均不能满足经济发展对大量技能型人才的需求,需求不足是指无论劳动者个人还是用人单位均对公共性职业教育培训表现为有购买能力的购买意愿不足。主要表现为:不少地方开展的再就业培训和农村劳动力转移培训普遍存在着资金投入不足、针对性不强、效果不佳、仅仅流于形式等不容忽视的问题。职业技能培训的个人需求和社会需求及其与有效供给之间的结构性矛盾仍然没有在深层次上得到解决。

"任何一门学科或较大的学科群都必须以学术要求与社会实践的某种特殊的、

不断变化的融合为基础。这些要求和实践相互支撑，然后又得到该学科或学科群的制度化再生产的不断增强。"[114]理论与实践是一种相互建构的关系。理论要具有实践品质，从提出问题、推演问题到解决问题，都应当是一种基于实践的理解，始终指向实践；实践理所当然也要具有理论意蕴，不断接受理论的实践关照，在与理论研究的互动中不断提升自己的实践理性。

在教育的发展史上，对于教育属性的认识，学界有着不止一次的争论。自20世纪90年代开始，关于教育是否是一种产业，能否产业化，如何产业化等问题，学界展开了一场旷日持久的争论。有些学者认为，教育是培养人的社会活动，教育提供的不是物质产品，教育是一种具有巨大外部效益的准公共产品，不能把经济活动中的市场机制完全移植到教育中来[115]；教育投资回报并非严格意义上的营利性产业的投资回报，将教育完全交由市场进行产业化经营，难以克服市场固有的盲目性、自发性和功利性[116]。相反，有些学者却认为，教育属于第三产业，是一种服务产品。政府对教育的投资总是有限的，并非所有的教育类型都是公共产品，实现教育资源的优化配置，必须走产业化经营的道路[117]。这场争论最终以国家教育行政部门相关人士在公开场合旗帜鲜明地反对教育"产业化"而平息。教育属于第三产业，是为提国民科学文化水平和居民素质服务的部门，这并没有改变其公共产品或者准公共产品的根本属性，不能作为判定其是否产业化的充分条件。因为，依据第三产业的划分标准，国家机关、党政机关、社会团体、警察、军队同属第三产业，从这些第三产业部门同属公共领域的共有特性来看，恰恰表明教育是一种具有很强公共性的特殊部门。其实，"产业化"一词的歧义性是争论双方难以达成共识的一个主要因素。如果我们将"产业化"理解为把教育产品作为一种纯粹的消费品，按照市场经济规律进行企业化运作，当然有悖教育的质的规定性。如果我们将其理解为在教育的某些领域适当引入市场竞争机制，以提高教育资源的利用率和教育服务质量，这当然是当前我国教育改革的应有之义。

《国家中长期教育改革和发展规划纲要（2010—2020）》强调，"坚持教育的公益性和普惠性""建成覆盖城乡的基本公共教育服务体系""逐步实现基本公共教育服务均等化"。公益性和普惠性是现代教育的根本特征，提供基本公共教育服务是当代政府的主要职能之一。然而，对于基本公共教育服务，不少学者将其理解为提供均等的义务教育或者促进义务教育均衡发展。义务教育因其基础性和普及性理应属于基本公共教育服务所涵盖的范畴，但如果仅此理解未免有些偏颇。在界定教育产品属性的文献资料中，不少学者往往依据经济学对公共产品的经典定义，将义务教育划归为公共产品，将职业教育和高等教育划归为准公共产品，而对于职业培训，或者避而不谈，或者理所当然地划归为私人产品。职业培训可以分为不同的类别，那些面向下岗职工、失业人员、农村剩余劳动力以及城乡新生劳动力等群体开展的基础性职业教育培训，同样具有不容忽视的政治、经济、文化和伦理意义，理应属于基本公共教育服务体系的一部分。此外，一种产品是否具有公共性，不仅取决于其自然属性，而且和国家的政治愿景及制度安排息息相关。

公共性职业教育培训具有较强的正向溢出效应，也就是说，它的生产和消费不仅对个人提高职业技能、顺利就业、增加收入具有决定性作用，而且对所属社会经济的发展和公平正义的维护具有积极意义，相比较而言，其预期社会收益往往高于个人或者集团收益。因此，如果将公共性职业教育培训完全交由市场生产，缘于经济人的理性计算和机会主义偏好，大多数人或者利益集团会选择只享用产品带来的益处而不愿意为其出资，从而导致该类产品的供给不足。这一现象的存在为政府提供公共性职业教育培训的生产提供了理由，但是，完全由政府公共部门提供职业培训，又常常会导致公共性职业教育培训供给的低效。公共产品的生产并非必须由政府提供，仅仅通过市场提供也并不意味着最有效率，关键是要在"自由放任市场机制和民主政府规制干预之间的黄金分割线"上，"合理划分市场和政府的界限"[118]。可见，公共性职业教育培训所具有的"公共性"决定了它应当由政府公共部门提供，但是，政府公共部门提供公共性职业教育培训并不意味着它要进行直接生产。高职教育培训作为公共性职业教育培训的其中一种类型，在供给链条上应适当引入市场法则，认真检视、解读和解决当今高职教育培训中存在的问题，构建起政府以及相关利益群体之间的合作与博弈框架，以切实提升高职教育培训的供给效率，实现其实践价值和时代价值。

第二节　高职教育培训有效供给的价值向度

国际劳工组织认为，政府通过提供公共就业服务参与劳动力市场的合理性，不仅出于人力资源在国民经济发展中重要性的考虑和改善社会福利的需要，而且还存在以下几个理由：首先，公共就业服务可以提高劳动力市场运作的效益，提高劳动力市场信息的透明度；其次，公共就业服务是促进政府公正地进入劳动力市场和保护可能处于劣势群体的一种有效的手段；再次，公共就业服务有助于抵消结构调整对劳动力需求所带来的负面作用；最后，在有失业救济制度的国家，公共就业服务可以用来提供措施保证救济领取人能尽快就业。高职教育培训作为一类政府支持、高职院校负责的公共就业培训服务，我们不能期待其成为一剂解决所有就业问题的良方，但高职教育培训有效供给在促进经济发展、强化社会流动、救治社会失业、维护公平正义、促进高职院校自身的改革发展方面确实具有不可忽视的重要作用。

一、有效促进经济发展

古典经济学家对人的因素在国民生产中的作用已有所觉察,"工人增进的熟练程度,可和便利劳动、节省劳动的机器和工具同样看作是社会上的固定资本。学习的时候,固然要花一笔费用,但这笔费用,可以得到偿还,赚取利润"[119]。20 世纪 30 年代,美国经济学家沃尔什提出了人力资本的概念,其后,经过美国经济学家舒尔茨等人的完善,逐渐形成了一个对教育和经济发展产生了重大影响的理论流派。舒尔茨认为,传统经济理论之所以不能令人满意地解释许多国家经济的迅速增长,是因为其忽略了人力资本投资这一促进国民经济增长的主要原因。他认为,对资本概念的全面理解应当包括人和物两个方面,即人力资本和物力资本。人力资本包括一个社会中从事有用工作的人数、劳动时间等量的方面和人的技艺、知识、熟练程度等可以影响人的工作能力的质的方面,其中,舒尔茨更加强调后者,认为它是人力资本概念的内涵。针对将教育视为一种消费行为的传统看法,舒尔茨指出,"尽管在某种程度上可以说教育是一项消费活动,它为受教育的人提供满足,但它主要是一项投资活动,其目的在于获取本领,以便在将来得到进一步满足,或增加此人作为一个生产者的未来收入。"

舒尔茨认为,人力资本投资主要集中在五个方面:卫生保健设施和服务,包括影响人的预期寿命以及保持人的体力、精力和耐力的全部开支;在职培训,包括传统的学徒制训练;正规的初等、中等和高等教育;各种成人教育计划,特别是农业方面的校外学习计划;个人和家庭适应不断变化的就业机会而进行的迁移。舒尔茨认为,传统的农业经济观对空间、能源和耕地过分倚重,而忽视了知识技能、人口质量对提高劳动生产率的重要作用。事实上,许多低收入国家的农业生产具备潜在的经济能力,能生产足够的食物以满足不断增长的人口需求,改进其收入水平和福利状况。"土地本身并不是使人贫穷的主要因素,而人的能力和素质却是决定贫富的关键。旨在提高人口质量的投资能够极大地助力经济繁荣和增加穷人的福利。"

在一般情况下,通过教育形成的凝聚在劳动者身上的知识、技能和能力,体现在生产过程中,可以带来社会劳动生产率的提高,进而促进生产的发展和经济的增长。教育对经济增长的贡献还表现在它可以提高人的"分配能力"或者"处理不均衡状态的能力",即一种"有意识地根据经济条件的变化重新分配他们自己的资源,如财产、劳动、金钱、时间等的能力"。[120]也就是说,即便在生产条件和经济条件发生变化,通过教育获得的原有的生产技能不再适应新的技术和经济环境的情况下,由于教育提高了人的这种"分配能力"或者"处理不均衡状态的能力",使人能够及时获得周围环境变化的信息,并做出准确的判断和适当的反应,人们同样可以迅速采取适应当前生产条件和经济条件的新技术,重新分配自己的资源。正是在这种技术和资源不断调整的过程中，社会劳动生产率的提高和经济的增长才得以不断实现。沃尔什把教育对经济生产的作用方式划分为"工作效果"和"分配效果"。他把教育在提高工人的劳动能力和提高社会劳动生产效率方面的作用称为教育的"工作效果"，把教育在提高工人获得分析有关生产信息的能力方面的作用称为教育的"分配效果"。沃尔什认为，受教育多的人比受教育少的人在评价、判断新机会时更准确，他们能更快地区分那些在这样一种经济中系统的和散在的因素，从而比未受过教育的人或者受过较少教育的人具有更高的生产效率。教育不仅提高了人对于自身所拥有的资本、技术、劳动等资源的有效和合理分配的能力，还提高了人的时间价值。"对人力资本和有用知识的公共的和私人的投资，对于人的时间价值增长具有举足轻重的作用。"[121]

人力资本理论固然具有一些理论缺憾，但是，它重视人的价值，强调人力资本投资的意义，无疑具有一定的理论价值。人力资本投资对个体收入增长以及国家经济发展所具有的积极意义是毋庸置疑的。人力资本投资包括多个方面，如卫生保健、医疗、教育、就业迁移等，其中教育是形成人力资本存量的关键维度。教育包括正规学校教育和非正规教育培训，正规学校教育具有基础性、知识性、系统性等特点，对于提高人的认知能力和获取知识的能力，进而提高国家的人力资本存量具有重要作用。非正规教育培训具有针对性、职业性、时效性等特点，它与社会生产和经济的发展密切相关，在提高国家的人力资本存量方面同样发挥着不容忽视的作用。"将教育视为一种人力投资过程的分析范围，一定不要忘记正规的学校教育既不是培训劳动力的唯一方法，也不是足够的方法。从某种层次的学校毕业并不标志着教育过程的完结。它通常是一个更一般和预备性的阶段的结束，和一个在成为劳动力以后更专门化并且经常是持久性的获得职业技能过程的开始。"[122]

在我国经济体制改革、供给侧结构性改革、经济增长方式转变，以及经济结构、产业结构和人口结构变化过程中涌现的城市失业、转业和无业人员、农村剩余劳动力、城乡新增劳动力等群体，普遍存在着知识素质不高、职业技能缺乏等问题，这一现象的存在不仅带来了大量的社会问题，而且也导致我国在人力资源方面总体上表现出人口素质不高、人力资本存量偏低的现实状况，这一状况与我国经济发展不相适应，在根本上制约着我国经济社会的可持续性发展。因此，正是从这个意义上讲，面向城市失业、转业和无业人员以及农村剩余劳动力、城乡新增劳动力等社会弱势群体和基层劳动者开展的高等职业教育培训对于提高个体的职业技能和国家的人力资本存量，进而促进个人收入的增长和国家的经济健康发展具有重要价值。

二、高职教育培训作为一种文化资本赋予，能有效强化社会流动

"文化资本"是法国社会学家布迪厄在社会学理论中提出的一个重要概念。

布迪厄把"资本"概念引入社会学领域，并赋予其特定含义。在这里，它既不同于马克思主义政治经济学中的"资本"概念，也不同于西方经济学中的"资本"概念，而是一个社会学范畴。"资本是积累的劳动物化的形式或'具体化''肉身化'的形式，当这种劳动在私人性，即排他的基础上被行动者或行动者小团体占有时，这种劳动就使得他们能够以具体化的或活的劳动的形式占有社会资源。"[123]布迪厄将资本分为经济资本、文化资本和社会资本三种基本形态。文化资本又分为三种形式，即具体化形式、客观化形式和制度化形式。具体化形式的文化资本以精神和身体的"习性"或者"习惯"的形式存在，包括文化、教育、修养等。这种具体化形式的文化资本"身体化"为个体的一部分，因而它不像金钱、财产、头衔一样可以通过交换、购买或者馈赠即时地获取，而是需要较长时间的个体化投入的积累才可以拥有。客观化形式的文化资本以文化资本的"物化"形式存在，包括文学、绘画作品和工具、机器等。制度化形式的文化资本以"文凭"或者"资格证书"的形式存在，它将个体的具体化的文化资本通过一种社会公认的学术资格转化为社会的客观化形式的文化资本。这种制度化形式的文化资本将获得学术认可、合法保障的文化资本与那些通过非正式学习获得的文化资本区别开来。学术资格和文化能力的证书赋予其拥有者一种文化的、约定俗成的、经久不变的、有合法保障的价值。同时，这种制度化形式的文化资本还使不同学术资格的拥有者进行相互比较，并使得这些资格拥有者的相互替代成为可能。而且，它还为不同学术资格在文化资本和经济资本之间的转化设定转换率，即经过经济资本转换后形成的这种文化资本还确立了特定拥有者的价值，也确立了这一拥有者在劳动力市场所具有的经济价值。

美国社会学家索罗金较早地提出了"社会流动"的概念，并将其定义为"个人或社会对象或价值——被人类活动创造的或修改的任何变化——从一个社会位置到另一个位置的任何转变"[124]。索罗金认为，社会流动可以分为水平流动和垂直流动两种基本类型。水平流动是指个体或社会对象从一个社会集团向另一个相同水平的社会集团的转换；垂直流动是指个体或社会对象从一个社会阶层向另一个社会阶层的转换。根据变化的方向，垂直流动存在两种不同的类型，即向上流动和向下流动。向上流动是指个体或者社会群体从一个较低的社会阶层进入一个较高的社会阶层，向下流动是指个体或者社会群体从一个较高的社会阶层进入一个较低的社会阶层。

在一个开放的社会里，尽管存在着不同的社会阶层，但是，不同阶层的社会成员所处的地位是可以不断变化的，每个人都具有相对平等的向上或向下流动的机会。当然，在这两种理想类型之间，存在着更多中间或过渡类型。在传统的城乡二元体制下，我国农村地区在政治、经济、文化、教育等方面长期处于劣势地位，来自农村地区的剩余劳动力及新增劳动力既缺乏先赋性家庭文化资本继承，也没有接收到完整、系统的学校教育而导致文化资本积累欠缺。因此，尽管他们实现了社会流动，从农村流入城市，但是较低的适应能力和竞争力使得他们很难真正融入城市生活，实现向高层次产业转移，这就决定了这种剩余劳动力转移方式仅仅是一种水平方向的社会流动。与之相比，城市失业、转业和无业人员尽管可能具备一定的早期文化资本积累，但是结构性因素使得他们的社会流动遵循的是一种垂直方向的向下流动路线。在一个开放型的社会中，教育更多地执行着文化资本赋予的积极功能，是促进社会流动的动力机制。高职教育培训为城市失业、转业和无业人员以及农村剩余劳动力、城乡新增劳动力等群体提供了一种文化资本补偿，对于强化这些基层劳动者向上流动，具有不容忽视的积极意义。

三、高职教育培训作为一种社会福利政策，可以有效救治失业问题

美国《社会工作词典》将"社会福利"定义为："第一，一种国家的项目、待遇和服务制度，它帮助人们满足社会的、经济的、教育的和医疗的需要，这些需要对维持一个社会来说是最基本的。第二，一个社会共同体的集体的幸福和正常的存在状态。"可见，社会福利包括两层含义，即作为一种社会制度或者社会政策的社会福利和作为一种社会状态或者社会理念的社会福利。作为一种社会状态或者社会理念，社会福利表达的是一种基于人类社会共同价值追求的存在状态，包括生活上的富足、安全，精神上的快乐、幸福等，同时也表达了一种与之相对应的契合社会公正、制度伦理的社会治理理念。社会福利有着广泛的政治、经济、文化和伦理基础。"福利"首先是一个与个体的幸福生活相联系的概念。个体的幸福生活不仅与社会中的每一个个体的物质生活和精神追求有关，还与一个社会的政治、经济及其制度安排密不可分。在"社会福利"的层面思考如何保证社会中的每一个人过上一种"美好的生活"，这就要求社会应当为每一个社会成员提供基本的物质生活安全保障和均等的实现自我价值的机会，使他们免受物质匮乏、突发灾难的侵扰，过上一种有保障、有尊严的幸福生活。

从西方社会福利制度的发展来看，早期的社会福利主要针对失业、贫困、年老、疾病等有特殊需要的社会弱势群体，是一种为了救治社会病态而提供的福利服务，继而扩展到全体社会成员并逐渐制度化，服务的内容也从简单救助扩大到社会保障、医疗卫生、教育培训等社会福利项目。近年来，西方欧美国家的社会福利政策从被动地提供收入保障，逐渐转向帮助人们尽快获得积极的社会福利。不少国家认识到，那种只限于提供收入保障的社会福利政策，并不能从根本上解决失业问题，社会福利政策必须以增强贫困者的经济能力和社会能力为原则，使他们融入社会中来，其中首要的便是劳动者必须具有进入劳动力市场的竞争能力，因而，社会福利政策的重点要从创造就业机会转为提升社会成员的就业能力[125]。"工作福利"即是在这样的背景下提出的。为了缓解日益增长的财政危

机，克服传统社会福利政策的种种弊端，不少西方欧美国家纷纷对传统的社会福利政策进行改革，变消极的社会福利制度为积极的社会福利制度，将"福利"转变为"工作"，即通过在经济、教育、培训等领域的政府投资和个人投资，提高福利受益人进入劳动力市场的能力。在"工作福利"的具体政策上，主要采取了以下一些措施：一是通过发放就业补贴、提供教育培训、增加工作岗位等手段，为领取社会福利者提供更多的工作机会；二是通过教育培训、就业咨询服务等，改变那些长期领取社会福利者的态度和动机；三是通过税收改革和福利待遇调整，从政策上更加明确地激励社会福利的申请者积极地抓住各种工作机会。

20世纪80年代中期，我国初步建立了失业保险制度，为失业人员提供失业救济、失业医疗补助和就业、再就业服务。经过多年的发展，我国基本建立起了以国有企业下岗职工基本生活保障、失业保险和城市居民最低生活保障为内容的"三条保障线"制度，将下岗失业人员的生活保障、社会保障和再就业紧密联系起来。然而，我国当前的就业形势仍然十分严峻，"劳动年龄人口众多，国民教育水平较低，就业矛盾十分突出。主要表现在：劳动力供求总量矛盾和就业结构性矛盾同时存在，城镇就业压力加大和农村富余劳动力向非农领域转移速度加快同时出现，新成长劳动力就业和失业人员再就业问题相互交织"。所谓总量矛盾，是指从总量上来说劳动力供给大于需求，这意味着我国就业问题的长期性。所谓结构性矛盾，主要是指就业存在着地区间和行业间的不平衡，表现为"一是与农村劳动生产率提高相伴随的农村剩余劳动力向城镇地区的加速流动；二是因经济结构调整所引起的大规模城镇职工下岗和失业"，这意味着我国就业问题的急迫性。通过有效的职业培训让失业者尽快回到就业的队伍之中是解决失业问题的根本措施。作为政府举办的高等职业院校，充分利用自身资源，积极为失业者提供就业培训服务是体现其价值的应有之义，也是其创新发展的有效途径。

四、可以有效维护社会公平正义

我国正处在由传统社会向现代社会转变的社会转型期。从某种意义上讲，社会变迁的过程也是利益重新调节、重新分配的过程。在这一过程中，不仅原有的经济、政治体制下长期潜伏的问题会逐渐显现出来，而且还会由于利益格局的变化涌现出一些新的问题。例如，长期处于计划经济体制保护下的原国有企业职工的隐性失业由于企业改制和转轨而显现出来，他们中的多数人文化素质偏低、技能水平不高、竞争意识缺乏，明显不能适应激烈的市场竞争环境，而不得不沦为下岗失业人员；由于受到传统二元经济社会结构所造成的城乡户籍制度和劳动力市场分割的限制，加之受教育水平低下、技能缺乏和对新的就业环境不适应，农村剩余劳动力转移过程并不顺畅，而只能游离于城市的边缘；由于就业制度的变化，专业设置、培养模式与经济结构和市场需求不一致，以及我国劳动市场发育不健全等原因，高校毕业生就业问题也日渐显著；由于基础教育的薄弱、教育结构的不合理以及劳动准入制度的不完善，每年新增的大量劳动力中，尚有相当部分的初高中毕业生在缺乏一技之长的情况下未接受任何技能培训就涌进劳动力市场。改革开放以来，我国经济获得较快增长，然而，贫富差距同时也在逐步拉大。某些社会群体处于低层、边缘的困境是由经济、政治和社会原因造成的，是社会的财富和权力分配制度使然。弱势群体被看成某些在经济、政治和社会资源的分配方面缺乏机会而处于不利地位的群体，这种不利地位足以影响到他们基本的正常生活。[126]

联合国开发计划署发布的多份人类发展报告一致认为，人类的发展应强调全体社会成员的共同发展和每个人的全面发展，发展的目的是促进人类的幸福，使每一个人都能够享受发展的成果，拥有更多的发展机会，获得更好的医疗服务以及达到更高的生活水平。经济增长是实现这些目标的重要手段。因此，尽管政府不能作为"全能政府"，但也不能满足于"有限政府"，它还应充当"责任政府"和"服务政府"的角色，通过提供公共产品和公共服务，维护社会的公平和效率。国家投资建设的高职教育培训在某种程度上也属于一种公共产品，它在维护社会的公平正义方面发挥着举足轻重的作用。

首先，社会的公平正义是建立在人的全面发展基础之上的，而人的全面发展要通过人的能力的不断提升来实现。这里的"能力"具有多方面的含义，如健康长寿的能力、获得文化技术和分享社会文明的能力、摆脱贫困和不断提高生活水平的能力。通过高职教育培训提高处于弱势地位群体的自我发展能力，是实现每个人发展进而实现整个社会健康发展的前提和关键。其次，教育公平是社会公平的重要基础，促进教育公平是我国的基本教育政策。接受教育的权利不应该仅仅被视为儿童入学的权利，而且还应当包括成年公民接受教育的权利，教育是公民自由的一个必要的先决条件。[127]

当前，人们习惯于在制度化的学校教育的框架下讨论教育的公正，然而，作为一种选拔性的精英教育模式，制度化的学校教育公正充其量只能是保证智力早慧者和家庭、经济条件有利者的教育公正，其实质是一种形式上或者程序上的公正。真正意义上的教育公正应当将关注的视阈扩展到终身教育的框架下来思考。终身教育将教育的范围拓展到人人、时时、处处，着力于满足各种群体的多样化教育需求，因而能够在真正意义上实现教育的结果公正和实质公正。高职教育培训为处于社会不利地位的群体和早期学业失败者提供了获得高等教育补偿的机会，它不仅体现了一种受教育权利，而且还体现了一种基本社会权利，也只有当这种作为基本社会权利的受教育权利内化并制度化为公民权的基本内容时，社会的公平正义才可能最大限度地得到实现。

五、促进高职院校自身的改革发展

开展职业培训是高职院校改革发展的突破口，高职院校在服务社会、服务企业的同时，也会有力地促进高职院校自身的发展与进步。

增加办学功能，拓展发展新空间。过去高职院校一般只专心于内部的课程、教学、管理等事务，追求一种"内向型"发展模式，较少地将视野投向社会和企业，没有从社会和企业的实际需求和发展状况考虑学校的发展问题。这直接封闭了学校发展的视野和空间，削弱了学校的辐射力和办学能力。高职院校开展职业培训，可以挖掘学校的发展潜力，拓展学校生存发展的空间。把办学重点从学历教育转向学历教育与职业培训并重，积极广泛地开展职业培训，既可解决生源竞争的危机，给学校带来经济效益，促进学校发展，又可促进学校在发展战略上的宏观转向，拓展学校生存发展的空间。高职院校通过培训可得到不少职业、岗位的技能新要求和劳动市场供求信息，拓宽学校开办新专业、新培训项目的思路。职业培训成了高职院校及教师联系行业企业、社会的有效通道，适应市场新需求的成功的培训项目往往成为新专业的"孵化器"。

拓展和丰富高职院校发展所需的教育资源。高职院校开展职业培训，不仅可以充分利用学校现有的教育资源，提高利用率，还可以直接拓展和丰富学校发展所需的教育资源，增加学校发展的后劲。长期以来，一些高职院校一方面苦于校内教育资源的紧张，另一方面却对大量闲置的社会教育资源视而不见，从而使教育资源的短缺成为制约学校发展的瓶颈。这种情况下，高职院校在发展中理当树立大教育资源的观念，将目光投向社会、投向企业，积极地争取企业的支持，积极合理地发掘和利用一切可以利用的教育资源，通过实施企业员工培训等多种形式的校企合作，对学校的招生等各项工作产生良性的影响和互动，不断扩大学校的影响力和辐射力。

提升高职院校的师资能力。职业培训是高职院校教师的大课堂，是专业教学改革的一个动力源和信息源。通过职业培训，专业教师对劳动市场需求更熟悉，与行业企业联系更紧密。学生常常把生产实际中的问题带到课堂上来与教师切磋，从而促进了教师的业务学习，提高了教师自身职业技能，使越来越多的"双师型"教师成长起来。高职院校面向区域农村、行业企业开展技术培训与技术服务，使得教师的实际操作技能与科研能力得到锻炼与提高。开展职业培训工作是高职院校义不容辞的责任，高职院校应将培训列入学校发展规划，加大对培训工作的投入，采取灵活的教学组织与管理形式，不断提高培训质量，促进高职院校与行业企业及区域社会经济发展的合作不断深化，实现高职院校、企业行业、培训学员、社会等各方共赢。

第三节 高职教育培训系统有效性分析

从本质上讲,生产为教育提供支持,教育为生产提供保障,职业培训是职业院校发挥本体功能(育人功能)和工具功能(社会功能)的必然选择。从当前我国的社会现实来看,党和国家高度重视职业教育培训,有力地推动职业培训的大力发展。同时,社会经济发展产生强大的培训需求以及职业院校与行业企业的历史渊源和天然联系,使高职教育培训面临新的机遇与挑战。

一、有效的职业培训系统分析

目前全社会更加深刻认识到了人力资源的重要性,也越来越重视职业培训工作。然而现实中很多培训的实际效果并不好,为增强培训效果,充分发挥培训的作用,就需要研究并明确由谁来实施培训,培训的目标如何定位,培训的机制如何建立,采取什么样的培训模式等一系列问题,而科学有效的职业培训系统就能很好地解决这些问题。所谓系统化建设,就是指采用一定的方式,对已有的培训实施方式及其组织管理进行归类、整理或加工,使其更优化、更科学化,它是相对于经验化、分散化和随意化而言的。按照系统化的观点来理解,有效的职业培训系统就是要有效做好培训计划、培训实施、培训评估等环节的设计与实施工作。通过这种培训系统的实施,可以有效地解决培训中存在的不规范、缺乏系统性、针对性不强、实践效果差、缺乏培训评估等问题,大大提高职业培训质量,增强高职院校在培训市场的竞争力,更好地满足社会及企业对培训的需求。

二、高职教育培训系统关键要素分析

(一)高职院校实施职业培训的优势

高职院校具有良好的教育培训资源体系。高职院校拥有丰富的职业教育资源及完善的办学场所,拥有良好的培训师资,且高职院校办学经验丰富,教育计划性、系统性、组织性强;具备制订科学培训方案和开展技术教育、职业培训的能力,利用这些资源组织职业培训,是职业院校的先天优势。高职院校经过改革发展,已经积累了相当的实力。高职院校的专家型教师,既有丰富的教学实践经验,又具有一定的科学研究和技术攻关能力,能够为企业培训、技术创新等提供人力支持。目前培训市场需求很大,培训机构众多,但鱼目混珠,市场缺乏规范制约,作为公益性事业单位,高职院校本身具有良好的社会信誉。教育事业的公益性、非营利性,决定了高职院校在完成职业培训中不能以盈利为目的,而应更多地关注社会效益,提高为经济社会服务的能力,这就使得其在职业培训中具有显著的竞争优势。

（二）高职教育培训系统中的关键要素

1. 培训课程

高职教育要想提供高质量的教育培训，首先，必须做到的是提供最合适的课程。课程在整个教学活动中具有核心地位，是职业教育与培训的"心脏"[128]。培训课程是指教育培训机构为实现一定的教学目的而设计的学习者的学习计划或学习方案，包括学习目标、学习内容和学习方式的设计和规定。一个好的课程设计不仅可以保证和提高培训质量，加强职业培训的针对性和有效性，还可以极大地促进职业培训面向社会、面向市场、面向企业和劳动者，促进职业培训与生产劳动和社会实践相结合。

其次，为提高职业教育培训服务的能力，职业院校要充分发挥自身优势，与企业密切配合将传统的教学计划进行"解构拆包"，根据职业岗位具体要求，进行"重构建包"，研究制定针对培训需要的培训课程，从而保证培训工作具有更强的针对性和可操作性，从根本上提高职业院校开展职业培训的能力[129]。为保证高职教育培训更好地满足社会、企业、员工个人的需要，课程计划应在充分保证专业能力需求的基础上制定，同时应与时俱进、动态发展，根据现实发展变化调整课程模块内容，从而使培训目标与内容定位准确。

2. 培训师资

教师是实施职业培训的关键资源。目前，职业院校的师资队伍相对于职业培训不够合理。首先，由于国家大力发展职业教育，很多学校的招生规模不断扩大，同时由于政策、体制等原因致使教师尤其是专业教师的引入工作存在很大困难，相当一部分高职院校教师数量不足。第二，教师准入口径较宽泛，缺乏严格的引入程序及相关考核培训等模块。一些职业院校为适应人才市场需要，经常开设或变换新专业或扩大招生规模，师资不足需引入新教师时存在把关不严等问题，而且这些教师上岗前缺乏应有的考核和培训。第三，我国职业院校的师资队伍构成也妨碍了培训和就业的结合。因为职业院校的教师往往和普通学校的教师没有区别，他们中的大部分从学校毕业直接到学校教学，缺乏职场经历和实践经验，"双师型"教师数量很少。第四，一些学校缺乏对教师长期有效的业务培训和专业实践锻炼，对专业教师实践教学技能的培养重视不够。

高职教育培训中首先应解决"双师型"教师的问题，即教师应拥有较高的职业能力、较为丰富的实践经验，能够在灵活多变的环境中独立解决不断出现的各种新情况。一方面高职院校要与企业紧密结合，在提高教师知识水平的同时，加强对教师实践技能的训练，如教师在工作期间，必须到企业实践一段时间，并获得相应的职业资格证书；另一方面可从企业选聘大量具有丰富实践经验的专业技术人员到师范院校学习并在经过严格考核后，聘用其作为兼职教师[130]。在解决好"双师型"教师队伍建设的基础上，高职院校的教师还应进一步向培训师资方向发展,即在达到教师的基本要求的基础上,进一步发展能够根据区域经济社会发展和就业要求,结合企业生产、经营的需要,掌握并运用现代培训理念和手段开发培训项目,制订、实施培训计划,从事培训咨询和教学活动的能力,在完成教学工作的基础上不断提高自身能力,成为学习资源的设计者和提供者、学习过程的咨询者和参谋者、学习内容的导航者和学习绩效的评估者。

3. 培训对象

高职教育培训的对象一般为成人,要保证高职教育的培训质量,提高培训的效果,必须明确成人学习记忆的流程并认真研究成人学习的实际情况与具体特点。成人学习的基本特点主要表现在如下几个方面:成人选择培训的目的和原因明确;成人注重实用性和时效性,学习的选择性更强,感觉有现实或迫切需要,会更愿意去学,他们对感兴趣的内容会自发地、更乐意地学习;成人对学习内容的实用性和结果尤其关注;在培训过程中表达个人意见和见解的愿望比较强烈;成人拥有丰富的经验,喜欢将新的知识与旧的经验作比较,年龄越大,对新鲜事物的接受态度就越审慎;希望在平等、和谐、轻松、愉悦、积极参与的气氛中学习;喜欢按自己的学习方式和进度学习。

高职教育培训应根据培训对象的学习特点,在培训过程中要注意处理好如下几个问题:第一,要承认、尊重并努力满足成人学习者所具有的不同学习风格、不同学习特点、不同学习目的;第二,要努力营造一种有利于成人学习的良好氛围;第三,培训过程中要正确引导和努力挖掘成人学习者过去的经验资源,并充分利用这些资源为他们的学习服务;第四,教师要努力使自己在成人学习的过程中成为一个成人学习的引导者、促进者、催化者和咨询者,彻底改变过去那种单纯的知识传授者的角色;第五,教师要努力激发培训对象的参与热情和提高他们的参与水平,引导他们在"做中学";第六,要及时对培训内容和培训效果进行评估,注重学习者实际能力和真实水平的提高。

4. 实验实训条件

高职教育培训最突出和最显著的特征是使培训学员掌握针对性强的应用性、技能性的职业能力。可以说,实践教学是职业培训培养技能型人才的根本途径,因此职业培训的发展及培训功能的实现都离不开完备、先进的技术设备设施和仿真的职业环境及良好的实训环境。实训条件一般包括实验室、实训室、实训中心、校内外实训基地、实训技术技能标准、实训管理手段等。实践教学条件与内容要尽可能接近生产实际,具有先进性、仿真性、现场性、综合性,以保证职业培训的学做合一,真正实现职业培训的产学结合功能,为行业发展、经济进步服务。

当前,我国还有相当一部分高职院校的传统优势是举办学历职业教育,有成熟的专业教学计划和相对稳定的师资队伍,但缺少对生产实际的了解,对实践教学经费投入不足，实训方面存在场地数量少、规模小、设备材料更新滞后、实践性教材匮乏及校内外设施设备不配套等一系列问题。而职业培训必须满足学习者个人、企业和劳动力市场对学习内容、形式等方面不断变化的需求，满足学习者当前和未来发展的需要。这就需要职业院校动态地适时优化实践教学体系，关注实践教学条件，加大这一方面的投入，构建与岗位群、技能群相适应的实践教学体系，加大对实践教学设施与设备的投入，体现职业培训特色，实现职业培训服务经济社会的目的。

第四节 高职教育培训有效供给的计划与实施

一、科学计划

科学计划是保证高职教育培训有的放矢、增强培训效果的重要基础阶段。部分培训工作成效甚微，其根本原因就是培训计划阶段工作没有做好。社会、企业对培训进行投资，就是为了经培训后能产生更大的效益，没有针对性的培训不能带来显著收益。高职院校如果无法及时反映并满足社会和企业对培训的需求，则其对社会和经济发展的贡献就很难得到社会的广泛认可。因此，在开展培训之前，高职院校要统筹各方力量，系统分析学习者的需求，弄清楚为什么要开展培训、培训什么内容、针对哪些人进行培训、由什么人来进行培训、培训要达到什么样的效果、采用什么样的培训方式等一系列问题，并在充分论证这些需求的基础上制订、实施培训计划，本着"干什么，学什么；缺什么，补什么；要什么，给什么"的思想，实现教学内容社会化、课程设置模块化、考核方法过程化、教学方式个性化、培训评估标准化[131]。以此使培训目标定位准确、动态发展，以高质量的培训来满足社会、企业和员工的需求。

（一）培训目标及确定

培训目标是指培训组织者通过实施培训要达到的总体预期目标，它是培训方案的核心内容，应该具有实用性、前瞻性等基本特点，与组织发展、员工个人状况相适应，同时还应具有一定的超前性，能够对培训对象起到引导发展的作用。高职教育培训目标要注重培养培训对象获取知识、继续学习和可持续发展的能力，岗位专业技能和应用实践能力，创新精神、就业竞争力和创业能力，良好的职业态度、职业伦理和敬业精神。

（二）培训需求的确定

科学合理的培训目标是培训效用最大化的基本保证，培训目标来源于培训需求，在实际培训中应根据组织培训需求来具体分析确定每次的培训目标。根据培训需求分析所涉及内容的不同层次，可将这种需求分析分为组织分析、任务分析及个人分析三部分内容。

第一，组织分析。在确定企业层面的培训需求时，首先要明确企业的使命、目标、策略和文化，保证培训目标与企业使命、目标等相一致。分析要有预见性，要以发展的眼光去诊断需求，这就不仅要看到企业当前的要求，更要预测企业未来在技术、组织结构等方面会发生什么变化。了解员工现有能力并推测出未来需要员工掌握的知识和技能。预测要有根据，必须对企业的各项统计数据进行分析，对生产、成本、安全、质量、设备保养维修等方面指标进行仔细检查与分析，这些都有助于确定培训需求。在分析组织内部各项因素的同时，必须对组织环境进行评价，包括国家政策法规、社会技术发展、市场、资源供给等方面，这是因为组织对员工的要求必然要受到这些方面的影响。

第二，任务分析。任务分析以具体工作为分析单位，对员工的工作任务和职责进行分析，以确定培训内容。要对工作进行描述，找出对工作有重要意义的具体任务，然后分析成功完成每项任务所需要的知识和技能；要进行技能重要性分析，结合工作任务判断出这些任务的重要性、发生频率、技能的核心程度；应将任务的重要性、技能的核心程度及应用程度进行排序，把重要的、核心的任务作为重点优先安排培训。

第三，个人分析。个人分析是在员工个体水平上进行的。它是通过分析员工目前的绩效水平与预期绩效水平，比较员工所具有的工作技能与成功完成工作任务所要求的技能的差距，以此来判断是否有必要培训、谁需要培训，从而决定对哪些人进行培训的具体过程。个人分析可通过日常观察员工工作、个别访谈、问卷调查、员工生产成果分析等方法进行，通过分析明确员工掌握的技能与完成任务所要求的技能之间的差距，按差距大小和技能要求迫切性排序，差距大的、迫切性高的技能考虑优先培训。通过分析培训需求，可以具体确定培训内容、明确培训中的薄弱环节，提升培训的针对性和有效性。

（三）培训内容的具体化

从总体上说，培训应该以专业能力、方法能力和社会能力组成的职业能力为目标与内容，特别是以"工作过程知识"为主要组成部分的职业性技术作为培训的重点。为此，高职教育培训应把握好以下几个方面：一是要根据劳动力市场需求调整和把握培训方向；二是要根据企业生产经营的实际需要设置课程，密切结合企业生产、经营、管理和服务第一线的实际情况，及时调整教学重点，不断更新教学内容；三是与用人单位建立合作伙伴关系，实行"订单式"定向培养。保证培训目标的具体化与可操作化，即根据培训目标及其要求，具体确定培训项目的形式、学制、课程设置、课程大纲、教材及参考书、任课教师、培训方法与手段、考试考核方式、辅助培训器材及设施、培训场地等与培训直接相关的内容，以及培训人员的食宿等间接相关内容。

二、合理组织，有效实施

培训目标及确定是保证高职教育培训供给有效的前提，而培训实施则是培训的关键环节。如果计划阶段工作做得扎实有效，这一阶段的工作可以说是水到渠成，但这并不是说这一阶段可以疏于管理。实施阶段，培训组织者的主要工作是确保培训内容实用、培训过程规范，保证培训者和受训者之间能够进行良好的沟通，确保培训有序、有效进行。

（一）合理开发有效培训项目

高职院校开发有效培训项目，要注意做到"四个结合"。即理论与实践相结合、政治与业务相结合、部门与行业相结合、国内与国际相结合。开发促进当地事业发展，适应多种培训形式、多层次、多领域的培训项目。按照培训需求确定培训目标和方案，并实施培训计划，跟踪培训效果等步骤进行培训项目的开发，做到因需而设、因地制宜、因势利导。在培训项目具体实施时，要注重培训内容和实际工作相结合；要注重对学员的引导策略、激励策略、学习策略等的设计；要注重通过多种渠道、多种方法掌握培训内容。随着经济的不断发展，企业对员工专业技能、职业道德、文化素质的要求越来越高，高职院校要根据行业企业实际情况对员工进行形式多样、有针对性的培训。

（二）利用行业和地域优势寻找培训资源

高职院校要利用行业和地域优势来主动寻找培训资源，各地方高职院校要根据各自的地域优势及时调整培训方向，以适应区域经济发展的需要，为当地的特色产业和经济转型发展服务。行业性高职院校的培训要坚持为行业发展、为企业服务的宗旨不动摇，为行业协会、企业开展有针对性的培训，实现互惠互利，共同发展和进步。

（三）培训内容坚持针对实用

首先，培训教材编写突出职业培训特色，要保证教材编写既能达到培养目标和规格的要求，又符合职业培训的特点。在课程开设方面，要特别突出应用性较强的课程，贯彻学以致用的原则，做到基础理论课以必须和够用为度，专业课要有一定的实用性和针对性。其次，培训课程要注意培训与在校学习的不同，不要过分强调内容的连续性和完整性，要结合企业和员工的实际选取培训内容。第三，广泛吸收实践经验，贯彻应知应会原则。高职院校的职业培训课程要完全依据社会需求而设置，要考虑培训对象在什么岗位应具备什么能力来安排课程和编写教材。在编写教材和课程讲授时要注意有所侧重，有所选择，理论知识以实用为主、以够用为度。要让学员学到的都是企业或社会所需要的，培训一结业学员就能上岗，上岗就能适应。

（四）培训管理规范

要建立和健全各种管理制度，实现规范化、科学化管理。职业培训与学历教育在常规管理、教学过程中有许多相同之处，但在不少方面却有自己的规律和特点。对学历教育的规章制度，职业培训只能借鉴，不能照搬。为此，要建立和健全职业培训的各种规章制度，根据职业培训的办学指导思想、专业和课程设置对招生、教学、教师、教学质量评估以及学员的学籍管理等做出明确规定，使之做到有章可循、有规可依。培训时间应考虑企业生产安排和员工个人情况，确定合适的起始时间及培训周期，如在企业生产淡季或运用新技术、新设备的前夕安排集中培训，也可分阶段分散进行，如对新型职业农民的培训必须避开农忙季节。

（五）加大高职培训师资建设力度

师资质量的好坏无疑是职业培训成功与否的决定性因素，所以职业培训师资问题成为制约我国职业教育发展的一个瓶颈性因素。新时代职业教育发展越来越受到广泛的关注。在这样大好的发展形势下，我们要把握机遇、调整策略，为我国职业培训持续、快速、健康发展配备一支高质量的师资队伍。其一要加强素质教育。要明确成人教育的性质和特点。职业培训是面向现实的劳动者的教育，其培养目标、规格等均与普通全日制教育不同，重在培养学生直接应用于生产和管理的技能，因而不能照搬全日制教育的教学内容与教学方法。高职培训教师需灵活应用教学方法，如课堂式培训、案例研究、实景模拟、角色扮演、管理游戏、专业研讨、现场调研等多种教学方法，需要深入学习成人教育的理念，熟悉成人教育对象的特点，并注意在实践中总结经验，自觉提高自身素质，以增强适应性。其二要提高培训教师的创新能力与实践教学能力。职业培训在实践性、应用性方面的特点，要求教师也必须具有较强的实践能力和创新能力，因而教师要深入到职业岗位的实际中开展调查研究，在实践中学习新的知识，增强处理实践问题的能力，并把教学的理论与生产、管理的实际结合起来，提高教学水平。

第五节　高职教育培训评估

为达到培训目标、扩大培训成果、综合评价培训，培训结束后必须及时对培训进行一定的评估。这种评估是对培训实施全过程的评估。对高职院校来说，这种评价的目的不仅仅是找到缺陷，更重要的是找到产生缺陷的原因。通过培训评估，可以取消那些缺乏效率和效果，浪费精力和资源的培训，对有缺陷的培训项目，可以结合培训目标、方法等提出改进措施。评估的标准和内容在培训计划中就应明确，从一般意义上来看，提高员工知识、技能及绩效水平，促进生产进步、企业目标的实现是培训的基本要求。培训评估要由高职院校、行业企业、政府、培训学员等各方密切配合、相互支持，共同来完成，仅靠其中一方的力量难以得到真实的评价结果。这就要求高职院校不能在培训结束后就觉得万事大吉，而是要深入培训学员就业的单位对受训者进行跟踪调查，了解培训效果，不断提高培训质量。

一、培训效果评估

高职教育培训效果评估可以通过由浅入深的四个层次逐步进行，即"柯氏四层次模式"，其根本目的是不断反馈、评估并总结经验，注意发现不足并持续改进，不断提高培训效果。

一级评估，主要是评估受训人员对培训项目的欢迎程度，所以也叫反应评估。这是培训效果评估中最可衡量、最简单的评价方法。通过反应评估，了解受训人员是否欢迎这次培训，了解受训人员对培训方法、培训设施、培训人员的满意度等方面的内容。这种评估可通过问卷调查的方式在培训结束后立刻进行，也可通过评估人员亲自参加培训，直接获取评估意见的方法进行。学员的欢迎程度、满意度高虽是培训成功的基本前提，但是并不能直接反映培训在真正意义上的成功与否，因为从学员角度看，满意并不意味着他们真正学到了有用的东西。如果经历一次培训后学员反应良好但并无行为去提高工作绩效，那么这样的培训显然还有很大的改进空间。

二级评估，也称学习结果评估，主要是评价、测量受训人员通过培训学到了什么、学会了多少的一种常用方法。这种方法主要是测试受训人员对学习的新知识和技能的掌握程度，可通过笔试和实际操作等方式来进行，也可把培训人员编为一组，未经培训的人员编为对照组，考察两组在观念、知识、技能上表现出来的差异并进行比较分析以评价培训效果。

三级评估，即工作行为及表现评估，培训学员只有把培训中学到的东西用到工作中，才真正表明培训是有效的，所以要考察员工培训后回到工作岗位上行为有无改变。这种评估可以通过日常观察、测评来进行，也可通过对照组与培训组的比较分析得出结论。工作行为及表现评估只有在工作实践中才能实施，因此为了使学习的知识、技术能够转化为绩效，企业必须尽可能创造一个有利于员工发挥、利用其学习内容的工作空间与氛围，鼓励员工联系实际，强化应用其所学的新知识、新技能。

四级评估，即结果与业绩评估，这是对培训效果的最高层次的评估，可能需要较长时间的跟踪，通过成本、质量、劳动生产率、事故率等记录，进而通过比较与分析来考核评价培训的意义及成功与否。因为成功的培训必然能够促进员工行为改进、提高绩效，最终促进企业生产经营目标及培训学员自我价值的实现。

二、培训成本评估

培训成本包括专兼职培训师资人员薪酬、脱产学习人员工资和开支、培训设备与设施的购置投资、固定资产折旧费、教材费、住宿费等，可以把它分为一次性成本和多次性成本，一次性成本在培训中只发生一次，如培训设备与设施的购置投资等，多次性成本是每次培训都要发生的成本，如教材的购置、培训人员的授课费用、受训人员的工资等，这种分类方法有助于确定培训成本的大小，比较不同的培训费用的高低。虽然对高职教育培训工作的评价不能仅仅看重短期经济利益，不能绝对以成本大小来衡量，但是企业毕竟是在追求经济利益，培训学员一般也会计算自己参加培训的经济效益。关注成本是完全有必要的，因此对培训的评估，还应把培训成本与收益进行比较。成本高、收益低的培训不可能受到欢迎，高职院校在实施培训时必须一方面努力扩大收益，另一方面尽可能降低成本，坚持"经济"原则，统筹考虑培训项目的投入与培训后所产生的效益，实效一定要高于投入，保证培训成为社会、企业经济效益和培训学员经济收入的增长源。

三、培训质量评估

评价系统是培训过程的重要环节，是保障培训质量的有效手段。培训要加强管理，培训质量的评估更不能忽视，要严把考试考核关和毕业关。建立严格的录取审查制度，精心设计教学过程，认真协调各教学环节，严格考试考核命题、阅卷制度，把好教学质量关。严格按学籍管理条例审查学员毕业资格并发放文凭，经评估达到培训质量后才能结业。只有严格管理、严格考核评估，才能保证培训合格人才，才能赢得良好的社会声誉，求得更大生存和发展的空间。

完成上述评估后，如发现问题必须对培训需求分析、培训内容优化、培训目标与实施过程等环节的工作进行适当调整、完善，以切实提高培训供给的质量和效益。

参 考 文 献

[1] 贾康,徐林,李万寿,等. 新供给经济学理论基础的比较与分析[J]. 产业经济评论,2013(5):8-14.

[2] 黄湘燕. "供给侧改革"与供给经济学的迥异[J]. 改革与开放,2016(8):25-27.

[3] 吴敬琏. 供给侧改革:经济转型重塑中国布局[M]. 北京:中国文史出版社,2016:173.

[4] 王一鸣. 正确理解供给侧结构性改革[N]. 人民日报,2016-03-29.

[5] 滕泰,范必. 供给侧改革[M]. 北京:东方出版社,2016:10-16.

[6] 贾微晓. 马克思生产理论与我国供给侧研究[D]. 苏州:苏州大学,2017.

[7] 庞丽娟,杨小敏. 关于教育供给侧结构性改革的思考和建议[J]. 国家教育行政学院学报,2016(10):12-16.

[8] 刘云生. 供给侧结构性改革:教育怎么办?[J]. 教育发展研究,2016(25):1-7.

[9] 李玉华. 我国高等教育供给侧改革研究[J]. 教育探索,2016(5):71-76.

[10] 朱玉成. 政府职能转变视角下的高等教育供给侧改革[J]. 高等教育研究,2016,37(8):16-21.

[11] 徐娉娉. 高等教育供给侧改革研究[D]. 沈阳:沈阳师范大学,2017.

[12] 陈正权,朱德全. 高等教育供给侧结构性改革:目标、内容和路径[J]. 现代教育管理,2017(2):23-29.

[13] 王鹏,王为正. 高等教育:供给侧结构性改革[J]. 河北师范大学学报:教育科学版,2017,19(2):67-72.

[14] 伍成艳. 职业教育供给侧改革的内涵、理念与路径探索[J]. 教育与职业,2017(3):11-17.

[15] 黄文伟,李海东. 职业教育供给侧改革的制度安排与政策设计[J]. 中国职业技术教育,2017(3):10-14.

[16] 罗旭华,纪雯雯. 供给侧改革背景下高等职业教育发展面临的问题与挑战[J]. 山东高等教育,2016(11):65-75.

[17] 林惠玲. 我国现代职业教育体系的"供给侧改革"[J]. 福建商业高等专科学校学报,2016(2):58-61.

［18］王威. 基于供给侧改革的高职教育结构优化探究［J］. 高教学刊, 2017（7）: 176-177.

［19］刘洪一. 供给侧改革: 高职教育如何入手［N］. 光明日报, 2015-01-16.

［20］刘燕, 吴玉剑. 教育供给侧改革视域下高职院校专业动态机制建设研究［J］. 中国职业技术教育, 2017（8）: 31-34.

［21］卢坤建. 高职院校新工科教育供给侧改革的使命与路径［J］. 职业技术教育, 2018（7）: 23-27.

［22］曲恒昌, 曾晓东. 西方教育经济学研究［M］. 北京: 北京师范大学出版社, 2001: 52-59.

［23］靳希斌. 教育经济学［M］. 北京: 人民教育出版社, 2002: 77.

［24］吴克明. 教育供求新探［J］. 教育与经济, 2001（3）: 52-53.

［25］孙喜亭. 教育原理［M］. 北京: 北京师范大学出版社, 2001: 47.

［26］乔秀丽. 我国高等职业教育的供求矛盾及对策研究［J］. 机械职业教育, 2007（4）: 11-12.

［27］王朔, 王永莲, 李爽. 农村职业教育供给与需求现状研究综述［J］. 职业教育研究, 2016（1）: 10-14.

［28］《国务院关于印发国家职业教育改革实施方案的通知》（国发〔2019〕4号）.

［29］范先佐. 教育经济学［M］. 北京: 人民教育出版社, 1999.

［30］吴宏超, 范先佐. 我国教育供求研究的回顾与反思［J］. 教育与经济, 2006（3）: 24-27.

［31］阮艺华. 政府为什么要干预教育供求［J］. 教育理论与实践, 2000（12）: 24-28.

［32］方泽强. 江西省高职教育专业结构调整研究［D］. 南昌: 江西师范大学, 2009: 28-29.

［33］别敦荣. 高等教育该向什么要质量［N］. 中国教育报, 2008-07-30.

［34］王博. 以专业建设为抓手——提升高职院校核心竞争力: 基于《高等职业教育创新发展行动计划（2015—2018年）》的思考与体会［J］. 中国职业技术教育, 2016（5）: 5-9.

［35］王冬琳, 刘新华, 王利明, 等. 我国职业教育专业结构与生产力发展水平关系的实证研究［J］. 职业技术教育, 2013（16）: 51-56.

［36］殷宝庆. 新常态下职业教育供给侧结构性改革探究［J］. 职教论坛, 2016（19）: 67-71.

［37］联合国教科文组织国际教育发展委员会. 学会生存: 教育世界的今天和明天［M］. 北京: 教育科学出版社, 1996: 263.

［38］许文静, 张晓. 从管理到治理: 高职专业动态调整机制建构: 基于中美比较的视角［J］. 职教论坛, 2015（28）: 40-44.

［39］潘建林. 义乌市高职教育专业结构与产业结构的适应性分析［J］. 职业教育研究, 2008（4）: 4-5.

[40] 吉登斯. 社会的构成: 结构化理论大纲 [M]. 剑桥: 剑桥政策出版社, 1984: 5-28.

[41] 杨濯. 高职院校专业动态调整机制构建的基础及有效策略 [J]. 职业技术教育, 2015 (32): 8-11.

[42] 郑文堂. 市属高校供给侧结构性改革思考: 以北方工业大学为例 [J]. 北京教育 (高教), 2016 (7): 19-21.

[43] 王建华, 张建平. 高职院校专业动态调整机制建设研究 [J]. 中国高教研究, 2014 (12): 75-78.

[44] 金子元久, 刘文君, 钟周. 高等教育市场化: 趋势、问题与前景 [J]. 清华大学教育研究, 2006 (3): 24.

[45] 张彦通. 欧洲地区高等教育质量保障体系研究 [M]. 北京: 北京航空航天大学出版社, 2007: 173-177.

[46] 潘懋元. 新时期中国高等教育的质量战略 [J]. 国家教育行政学院学报, 2006 (2): 3-7.

[47] 眭依凡. 我国大学按规律办学的对策选择 [J]. 中国高等教育, 2006 (16): 41.

[48] 龚放. 现代大学制度创新的"应为"与"可为": 一流大学建设的题中应有之义 [J]. 高等教育研究, 2006 (7): 40-45.

[49] 袁洪志. 高职院校专业群建设探析 [J]. 中国高教研究, 2007 (4): 52-54.

[50] 程红, 张天宝. 论教学的有效性及其提高策略 [J]. 中国教育学刊, 1998 (5): 37-40.

[51] 崔允. 有效教学: 理念与策略: 上 [J]. 人民教育, 2001 (6): 46-47.

[52] 龙宝新, 陈晓端. 有效教学的概念重构和理论思考 [J]. 湖南师范大学教育科学学报, 2005 (4): 39-44.

[53] 候耀先, 栾宏. 有效教学论 [M]. 西安: 西安出版社, 2008.

[54] 刘桂秋. 有效教学概念新探: 综合有效教学观之下的有效教学 [J]. 课程·教材·教法, 2008 (9): 11-15.

[55] 高慎英, 刘良华. 有效教学论 [M]. 广州: 广东教育出版社, 2004.

[56] 蔡宝来, 车伟艳. 课堂有效教学: 内涵、特征及构成要素 [J]. 教育科学研究, 2013 (1): 12-17.

[57] 姚利民. 论有效教学的特征 [J]. 当代教育论坛, 2004 (11): 5-8.

[58] 宋秋前. 有效教学的涵义和特征 [J]. 教育发展研究, 2007 (1): 39-42.

[59] 马乐诚. 大学有效教学影响因素的研究 [D]. 汕头: 汕头大学, 2009.

[60] 曹霞, 姚利民, 黄书真. 论教师、学生、学校因素对高校课堂有效教学的影响 [J]. 大学教育科学, 2012 (1): 25-31.

[61] 陈旭远, 张捷. 教师教学交往风格与教学交往的有效性 [J]. 东北师大学报, 2000 (1): 85-89.

[62] 潘文煜. 教师自我认知偏差对有效教学的影响研究 [D]. 重庆: 西南大学, 2013.

[63] 陈民, 张祥云. 决定教师教学效果的关键因素 [J]. 上海高教研究, 1991 (4): 73-77.

[64] 马乐诚. 大学有效教学影响因素的研究 [D]. 汕头: 汕头大学, 2009.

[65] 赵红英. 高职有效课堂教学初探 [D]. 桂林: 广西师范大学, 2008.

[66] 荣雅艳. 基于数学活动特质的五年制高职数学有效教学研究 [D]. 长沙: 湖南师范大学, 2016.

[67] 杨林生, 牟惠康. 默会知识视阈下的高职院校有效教学研究 [J]. 现代大学教育, 2008 (4): 104-108.

[68] 杜丽萍. 五年制高职护理专业医用化学有效教学研究 [D]. 内蒙古: 内蒙古师范大学, 2015.

[69] 宋君. 高职英语有效教学的研究 [D]. 西安: 西北农林科技大学, 2012.

[70] 李耀新. 课堂教学的组织和管理 [M]. 广州: 暨南大学出版社, 2011.

[71] 王华. 让高职课堂焕发生命光彩 [D]. 长沙: 湖南师范大学, 2007.

[72] 严先元. 走向有效的课堂教学 [M]. 成都: 四川大学出版社, 2009.

[73] 高慎英, 刘良华. 有效教学论 [M]. 广州: 广东教育出版社, 2004.

[74] 杨国祥, 丁钢. 高等职业教育发展的战略与实践 [M]. 北京: 机械工业出版社, 2000.

[75] 丁中燕. 高职院校专业课有效教学研究 [D]. 曲阜: 曲阜师范大学, 2019.

[76] 徐国庆. 现代职业教育建设要关注课堂教学 [J]. 职教论坛, 2015 (30): 1.

[77] 牟慧康. 以有效教学理念推进高职院校教学设计研究 [J]. 职业技术教育, 2010 (5): 53-57.

[78] 石伟平, 唐智彬. 增强职业教育吸引力: 问题与对策 [J]. 教育发展研究, 2009 (1): 20-24.

[79] 欧阳冬梅, 张玉荣, 焦江福. 高职学生职业素养及培育途径分析 [J]. 职教通讯, 2013 (11): 21-23.

[80] 杨金土. 以人为本的职业教育价值观 [J]. 教育发展研究, 2006 (1): 67.

[81] 易进. 建构促进教与学的课堂学习评价 [J]. 教育学报, 2013 (5): 61-67.

[82] 贾文捷. 关于深化高职课堂教学改革的思考 [J]. 职业教育, 2013 (3): 17-19.

[83] 张学贵. 全国专业人才现状调查 [M]. 北京: 高等教育出版社, 2004.

[84] 教育部、国家发展改革委、财政部、市场监管总局印发《关于在院校实施"学历证书+若干职业技能等级证书"制度试点方案的通知》(〔2019〕6号).

[85] 高奇. 黄炎培职业教育思想研究与实验 [J]. 教育研究, 1998 (5): 28-34.

[86] 钟英. 关于课堂教学质量评价的理性思考 [J]. 中国冶金教育, 2007 (4): 14-16.

[87] 潘婧璇. 高职院校"双师型"教师专业发展策略研究 [D]. 桂林: 广西师范大学, 2018.

[88] 罗技科. 高职院校"双师型"教师培养现状与对策研究 [D]. 宁波: 宁波大学, 2017.

[89] 中央教育科学研究所比较教育研究室. 简明国际教育百科全书：教学：上［M］. 北京：教育科学出版社，1990.

[90] 左藤学. 学习的快乐：走向对话［M］. 北京：教育科学出版社，2004.

[91] 蒂蒙斯. 战略与商业机会［M］. 周伟民，译. 北京：华夏出版社，2002：26.

[92] 李家华. 创业基础［M］. 北京：北京师范大学出版社，2013：4.

[93] 中华人民共和国教育部高等教育司. 创业教育在中国：试点与实践［M］. 北京：高等教育出版社，2006：6.

[94] 黄兆信，李炎炎，刘明阳. 中国创业教育研究20年：热点、趋势与演化路径：基于37种教育学CSSCI来源期刊的文献计量分析［J］. 教育研究，2018（1）：64－73.

[95] 梁保国，乐禄祉. 开展创业教育的理性思考［J］. 教育发展研究，1999（8）：20－24.

[96] 郑萍. 美英高校创业教育特点及其启示［J］. 科教导刊，2018（30）：8－9.

[97] 李其林. 英国大学创业教育的特点及启示［J］. 中国成人教育，2018（6）：108－111.

[98] 冯卫梅. 高校创业教育目标及其实现路径探析［J］. 职业技术，2016（5）：14－16.

[99] 陈丽. 国外创业教育的特点与启示［J］. 黑河学刊，2019（6）：18－21.

[100] 谢秀兰. 国外高校创新创业教育的特点与启示［J］. 创新与创业教育，2017（1）：15－18.

[101] 余小波. 我国成人高等教育转型的研究［D］. 厦门：厦门大学，2007.

[102] 麦可思研究院. 2011年中国大学生就业报告［M］. 北京：科学出版社，2011.

[103] 教育部《关于大力推进高等学校创新创业教育和大学生自主创业工作的意见》（教办〔2010〕3号）.

[104]《国务院办公厅关于深化高等学校创新创业教育改革的实施意见》（国办发〔2015〕36号）.

[105] 高娜娜. 世界一流大学创业教育组织模式研究［D］. 西安：西安外国语大学，2017.

[106] 郭欲丹. 高职创业教育课程体系的构建［D］. 杭州：浙江工业大学，2009.

[107] 沈陆娟. 美国社区学院创业教育研究［M］. 北京：知识产权出版社，2014.

[108] 高鸿业，吴易风. 现代西方经济理论与学派［M］. 北京：中国经济出版社，1988：26.

[109] 黄运武，刘淦清，梁前德. 商务大辞典［M］. 北京：中国对外经济贸易出版社，1998：273.

[110] 范先佐. 教育经济学［M］. 北京：人民教育出版社，2003：141.

[111] 吴宏超，范先佐. 我国教育供求研究的回顾与反思［J］. 教育与经济，2006（3）：24－27.

[112] 叶忠论. 论教育供给有效性的衡量［J］. 河北师范大学学报（教育科学版），2001（2）：53－58.

[113] 中华人民共和国国务院新闻办公室. 中国的就业状况和政策［N］. 人民日报，2004－04－27.

[114] 华勒斯坦. 开放社会科学：重建社会科学报告书 [M]. 刘锋. 译. 北京：生活·读书·新知三联书店, 1997：53.

[115] 王善迈. 关于教育产业化的讨论 [J]. 北京师范大学学报（人文社会科学版）, 2000（1）：12–16.

[116] 张人杰. "教育产业化"的命题能成立吗？[J]. 教育评论, 2000（1）：4–6.

[117] 厉以宁. 关于教育产业的几个问题 [J]. 高教探索, 2000（4）：14–19.

[118] 萨缪尔森, 诺德豪斯. 经济学：第18版 [M]. 萧琛, 译. 北京：人民邮电出版社, 2008：36.

[119] 亚当·斯密. 国民财富的性质和原因的研究：上卷 [M]. 郭大力, 王亚南, 译. 北京：商务印书馆, 1972：258.

[120] 王善迈. 教育经济学概论 [M]. 北京：北京师范大学出版社, 1989：360.

[121] 舒尔茨. 论人力资本投资 [M]. 吴珠华等, 译. 北京：北京经济学院出版社, 1990：183.

[122] 明塞尔. 人力资本研究 [M]. 张凤林, 译. 北京：中国经济出版社, 2001：141.

[123] 布迪厄. 文化资本与社会炼金术 [M]. 包亚明, 译. 上海：上海人民出版社, 1997：189.

[124] 格伦斯基. 社会分层：第2版 [M]. 王俊等, 译. 北京：华夏出版社, 2005：264.

[125] 徐月宾, 张秀兰. 中国政府在社会福利中的角色重建 [J]. 中国社会科学, 2005（5）：80–92.

[126] 王思斌. 改革中弱势群体的政策支持 [J]. 北京大学学报（哲学社会科学版）, 2003（6）：83–90.

[127] 马歇尔, 吉登斯. 公民身份与社会阶级 [M]. 郭忠华, 刘训练, 译. 南京：江苏人民出版社, 2008：21.

[128] 任长松. 课程的反思与重建：我们需要什么样的课程观 [M]. 北京：北京大学出版社, 2002.

[129] 米靖. 澳大利亚国家培训包制度述评 [J]. 教育与职业, 2007（2）：49–52.

[130] 祝士明. 澳大利亚职教经验及其对我们的启示 [J]. 比较教育研究, 2004（6）：85–88.

[131] 胡育辉, 栾敏. 英国国家职业资格证书制度对我国高职教育的启示 [J]. 辽宁教育研究, 2008（2）：99–100.